BIBLIOTHÈQUE

MORALE ET LITTÉRAIRE

APPROUVÉE PAR

MONSEIGNEUR L'ÉVÊQUE DE LIMOGES

Grand in-8° troisième série.

Tout exemplaire qui ne sera pas revêtu de notre griffe sera
réputé contrefait et poursuivi conformément aux lois.

NAPLES

©

Naples.

NAPLES

LES

MAGNIFICENCES DE SON GOLFE

PAR

ALPHONSE D'AUGEROT

A MADAME LA BARONNE FANNY DE MARTINY

Où l'on s'embarque. — Bruits touchant une quarantaine. — La nuit sur mer. — Lever de soleil. — Comme quoi la Méditerranée réveille les plus beaux souvenirs de l'antiquité. — Un navire aux premières heures du jour. — Composition d'un paquebot. — Le cap Corse — *L'Ile de Corse.* — Aspects de la Corse. — *L'Ile d'Elbe.* — Revue rétrospective. — *Caprera et Monte-Christo.* — La mer Tyrrhénienne. — Seconde et troisième journées de navigation. — Italie! — *Civita Vecchia.* — Tableau. — La vérité à l'endroit de la quarantaine. — La Peste! — Terreurs du conseil de santé. — Les côtes de l'Italie. — Les villes Etrusques. — Rome vue à l'aide d'une lunette de spectacle. — *Ostie.* — Le Tibre. —. Campagne de Rome. — Les Monts Albains et ceux de la Sabine. — *Lavinium, Ardée, Antium, Nettuno, Astur.* — Le Monte-Circeo. — Circé la Magicienne. — *Anxur ou Terracine.* — Troisième nuit sur mer. — *Gaëte.* — *Mola.* — Les drames des îles *Pandataria, Palmarosa.* — *Cumes et Misène.* — Les Lacs des Enfers. — Champs Elysées. — *Ischia, Procida, Capri et Nisita.* — Le golfe de Baïa et de Pouzzoles — Apparition du Vésuve. — Le golfe de Naples. — Le port n'offre pas toujours le salut — Lazaret!

En mer, à bord du *Philippe-Auguste*, 16, 17 et 18 aout 185...

Vous avez une de ces âmes auxquelles on s'attache du moment où elles se révèlent, et comme le jour où je vous vis pour la première fois est éloigné déjà, Madame la baronne, je puis dire que c'est une vieille amitié qui nous lie. Aussi permettez-moi de vous en rafraîchir la mémoire en vous adressant cette lettre. Seulement je vous écris sous votre nom d'autrefois, alors que je vous voyais si souvent, alors que je vous trouvais toujours bonne, toujours compatissante, toujours spirituelle. Quels beaux jours par fois au milieu de nos tristesses mêmes ! Depuis, le temps a marché, emportant bien des choses dans les plis de son manteau. Mais il m'a laissé les souvenirs, et c'est au nom de ces souvenirs que je vous parle.

Hier, j'étais à Marseille, regardant défiler l'immense procession de nombreuses confréries, escortant l'image de la Vierge Marie. l'étoile de la mer, *Stella Maris*. A mes côtés, ici et là, je voyais passer gravement les Levantins, drapés dans leurs longues robes de cachemire ; des Algériens, méditant sous leurs burnous blancs ; des Grecs, fiers de leurs rouges *fezzi* et les jambes à demi-cachées par les plis flottants de leurs fustanelles. Je contemplai avec admiration ces énergiques profils rappelant les formes antiques dont l'Orient conserve le type impérissable. A Marseille, on se trouve sur les limites de deux mondes : l'occident finit, et l'orient commence.

Le soir venu, alors que dix heures sonnaient, je recevais, sur le pont du *Philippe Auguste* d'où je vous écris ces lignes, les adieux de mon ami Ludovic de St-L..... qui, demain, lui aussi, s'embarque pour l'Algérie. Nos bagages étaient casés, et nos cabines prêtes à nous recevoir ; nous divisions parmi les passagers et les hommes de l'équipage, en regardant la terre, que nous quittions, toute constellée des feux de ses phares et des lanternes de ses navires, la mer qui s'agitait sous nos pieds, et le ciel qui flamboyait sur nos têtes. Nous sentions la mélancolie nous gagner, car nous allions tourner le dos à la patrie, et tout à la fois nous éprouvions l'impatience fébrile qui mine le touriste affamé de curiosités, de volcans, de ruines, de grands souvenirs, et voyant approcher enfin le moment de mordre à belles dents à l'objet de ses convoitises.

Combien mon imagination n'avait-elle pas rêvé de ces prodiges !
et avec quel enthousiasme je courais vers eux !

Hélas ! côté à côté du plaisir marche toujours la peine. Ainsi
que l'a dit un grand poète, en parlant du... voyageur :

Le chagrin monte en croupe et galoppe avec lui !

Il circule, sourdement d'abord, plus nettement ensuite, un bruit
fort peu rassurant. On parle de quarantaine ! On dit qu'un navire
a porté la peste à Naples, à Rome, je ne sais où, et que le conseil
de santé de ces deux villes, mis en émoi, a prescrit un séjour au
Lazaret, etc., etc. Ces rumeurs, tout en n'ayant rien d'officiel, ne
laissent pas de jeter une inquiétude vague dans nos âmes et de
refroidir notre belle humeur...

Vous voyez que tout n'est pas couleur de rose dans les voyages,
Madame la baronne ; aussi cet incident ne laisse pas de me morti-
fier cruellement. Néanmoins, je prends avis de madame D..., et il
est décidé que nous partons quand même. C'est donc vers l'inconnu que nous allons courir. Aussi j'ai rêvé de Lazaret toute la nuit
dernière ; et, pour ne pas retomber dans cet affreux cauchemar
quoique couchant sur le pont, enveloppé dans ma longue couverture de voyage, l'air étant trop rare dans ma cabine, je me suis
levé et promené sur la dunette du paquebot. Tout dormait autour
de moi ; j'en excepte l'officier de quart, marchant gravement sur
la passerelle, et le timonier, très-attentif à bien conduire le gou-
vernail.

Que la nuit était transparente et belle ! A l'horizon, plus rien 'que l'infini. La lune et les étoiles me semblaient briller d'un éclat inconnu. De fraîches brises chargées de parfums faisaient vibrer les cordages, et il s'en échappait des notes graves, comme d'une harpe éolienne colossale, qui accompagnaient la marche cadencée du navire. Pas une ride sur la mer. A peine soulevait-elle de larges ondulations, lourdes comme de l'étain fondu, qui, divisées par le paquebot, se partageaient en deux sillons phosphorescents, suivis d'une immense traînée lumineuse, comme la chevelure d'une comète dont le navire serait le noyau. Tout autour du navire surgissaient à la surface de l'eau d'énormes bouillons d'un feu blanchâtre qui bouillonnaient sur l'abîme, puis crevaient à sa surface. Enfin la lune, se couchant, dans les vapeurs de l'occident, flotta quelques instants au sommet des vagues, ainsi qu'un bouclier de fer rouge qui sortirait de la fournaise, et s'éteignit dans les flots.

Une heure après, à l'orient, la plaine humide se teignit de larges bandes de pourpre que couronnait, en guise de diadème, une haute et blanche auréole. C'était l'aube. On eût dit d'un incendie s'allumant sur les flots et se réfléchissant dans les cieux. Peu à peu, un banc immense de sable d'or remplaça la pourpre. Alors les mats, les agrès et les vergues des navires, qui cinglaient à distance, se dessinèrent à l'œil d'une si étonnante manière qu'ils ressemblaient aux fibres dénudées d'énormes mastodontes. Le soleil se leva bientôt, et tout-à-coup projeta ses premiers rayons sur la mer et dans l'immensité.

A ce spectacle sublime que de pensées se succédaient dans ma poitrine et que de nombreux souvenirs il évoquait ! C'est bien une mer illustre entre toutes les mers de la Méditerranée. Jadis foyer de la civilisation de l'ancien monde, on ne peut faire un mouvement sur la surface de ses eaux et en regard de ses rivages sans heurter quelque fait gigantesque. Ici la création de l'homme, les tentes des patriarches, les Hébreux dans le désert, les prodiges de la Judée ; là les Pharaons et leurs grandes œuvres sur les bords du Nil ; puis Sémiramis à Babylone, Sardanapale à Ninive ; Cyrus sur le Tigre et l'Euphrate ; Homère chantant les dieux et les héros près du Simoïs, dont les eaux semblent apporter un écho lointain des douleurs du vieux Priam. Ailleurs, Didon, allant de Tyr à Carthage, faire retentir le cap désert de Byrsa des plaintes de son abandon ; Sidon et ses désordres ; les prophètes, assis sur des ruines annonçant d'épouvantables calamités. Ensuite Athènes montrant le nom de Périclès écrit sur les colonnes du Parthénon ; Socrate et Platon disant les mystères de leur philosophie aux rives de l'Ilissus et du Céphise ; le pêcheur amarrant sa barque au tombeau de Thémistocle ; et Lacédémone faisant chercher ses ruines parmi les lauriers roses de l'Eurotas. Tous ces rivages retentirent du bruit des victoires d'Alexandre-le-Grand, et la terre se taisait pour le regarder promener ses légions chargées de butin, d'Issus a Arbelles, de Tyr à Gaza, d'Alexandrie à l'oasis de Jupiter-Ammon, de Jérusalem à Persépolis, et enfin du Gange à Babylone ! C'est ici que débarquait Enée ; là qu'il fondait Lavinium. Ici fut Albe-la-Longue ; là comptaient les Etrusques, les Volsques, les Marses, les Sabins et bien d'autres peuplades jalouses. Voici le fameux Latium, et l'endroit où la louve allaita Romulus et Rémus sous le figuier ruminal. Voilà la source pure où la blonde Egérie devisait avec Numa Pompilius. Comptez les collines que l'on voit de la mer ; elles sont bien au nombre de sept : le Palatin, que Romulus entoura d'un fossé ; le Capitolin, qui porta le Capitole ; le Quirinal, le Cœlius, l'Aventin, le Viminal, et l'Esquilin. Le Janicule, le Pincius et le Vatican furent long-temps exclus de l'honneur d'appartenir à l'enceinte de Rome. C'est dans cette plaine, au nord, que les Romains arrachaient leurs dictateurs à la charrue pour les mettre à la tête de leurs armées ; c'est sur ce mont-sacré, à l'est, que le peuple se retirait pour narguer les praticiens. Sur ce point débarquait Annibal pour porter la terreur dans Rome ; sur cet autre, Scipion allait frapper Carthage au cœur. Que de batailles rougirent ces flots du sang de leurs combattants ! Salamine, Ecnome, Drépane, Egates, Actium, et *tutti quanti !* Sur ces collines du Pausilippe, Virgile chanta la nature et l'humanité. Combien de fêtes voluptueuses couvrirent ces vagues de feuilles de roses, d'âches et de myrthes ? Antoine et Cléopâtre, Lucullus, Séjan, Pollion, Caligula, Néron, Elagabale, et tous les *Trossuli* du golfe de Baïa pourraient seuls le dire. Innombrables sont les flottes qui pourrissent dans les profondes vallées sous-marines de cette mer ! Et combien de cadavres illustres ont servi de nourriture aux poissons de ses abîmes ! Le Vésuve, hélas, à lui seul, de quels drames ne rendit-il pas ces plages le théâtre indescriptible. Vint un jour où le ciel se couvrant de ténèbres, où la mer s'agitant dans les entrailles de la terre ébranlée, à Jérusalem, là bas, s'accomplit les grands mystères de la Rédemption de l'homme. Alors la face du monde fut renouvelée. Une nuée de barbares couvrit toutes les côtes de la Méditerranée, balaya les anciens peuples sur son passage, et amoncela les décombres sur tous les rivages de l'Asie, de l'Afrique et de l'Europe. Aussitôt de nouvelles cités, Venise, Gênes et Pise jettent sur les flots d'immenses et formidables flottes qui se disputent l'or des nations au prix du sang de leurs navigateurs. Puis des milliers de croisés les sillonnent pour courir à la délivrance de la Croix au prix de leurs ossements qui blanchissent sur le sol, loin, bien loin de leur patrie. Ensuite Colomb, s'élançant de Gênes, emporte avec lui tous les esprits vers le Nouveau-Monde. Vasco de Gama double le cap Tormentoso et change son nom terrible en celui si doux de cap de Bonne-Espérance. La Méditerranée semble alors perdre toute son importance. Mais non : l'ancien monde se replie sur lui-même : ses intérêts se resserrent; et, reconquérant toute sa gloire, notre mer intérieure redevient le théâtre obligé des luttes des nations. Tout récemment encore, ne voyons-nous pas les deux représentants du despotisme, la Russie et l'Empire des Turcs, s'agiter dans une étreinte suprême, tandis que la France et l'Angleterre se posaient en champions de la civilisation moderne ?

Voilà ce qu'a vu la Méditerranée, voilà ce que ses rivages ont reflété comme un miroir fidèle.

Cependant le jour s'est fait sur la mer, et réveille les passagers sur leur couche mobile. Ils commencent à paraître sur le pont : les groupes se forment sur tous les points. C'est un singulier coup-d'œil que celui que présente un paquebot. Vous ne l'ignorez pas, Madame, un bateau à vapeur est fractionné en deux parts. A l'arrière sont les premières places, le quartier patricien, les cabines confortables, le salon commun aussi élégant qu'un salon parisien, avec divans, glaces, piano, etc., et sur le pont les pliants, les fauteuils qu'occupent les dames, les dandys, les gentilshommes, les fils aînés de la fortune. Là, on se croit sur un coin du boulevard de Gand : la langue française est la langue dominante, tant elle devient universelle. Ce n'est toutefois qu'un caravenserail où Grecs, Egyptiens, Maltais, Anglais, Italiens, Français, et parfois Américains, posent le pied pour peu de jours, mais se succèdent sans interruption, d'escale en escale. A l'avant se trouvent les secondes et les troisièmes places, le quartier plébéien, les cabines étroites, sans le plus petit boudoir, sans divans, sans le moindre

Naples: 2

confort. Là, les déshérités de la fortune, les trafiquants à bourse étroite, les soldats, les émigrants, la plèbe en un mot, campent, le plus souvent en plein air, parmi les animaux enchaînés qui y attendent le couteau du boucher pour le service du bord, parmi les matelots qui manœuvrent péniblement où qui mangent à la gamelle. Les costumes de toutes les nations, plus ou moins avariés, s'y croisent et s'y mêlent. On y parle toutes les langues ; on y consomme tous les produits. Gardez-vous d'une curiosité trop vive, passagers de l'arrière, car dans ces parages, si vous arrivez avec des bas blancs, vous les quitterez avec des bas.... mouchetés. De cette division des castes, résulte la division des tables. C'est au repas que les voyageurs, se trouvant au complet, se toisent, s'observent, se jugent et suivent l'attrait de leurs sympathies pour la durée de la traversée. Rien de plus élégant que la table des premières ; on la croirait servie par Chevet. Fleurs et fruits, vins exquis, mets délicats, abondants, d'après les principes de Carême, moka délicieux, rien n'y manque. La Compagnie Française des Paquebots-Poste de la Méditerranée fait parfaitement les choses : je me plais à lui rendre cette justice. Plus vulgaire, mais excellente également, la table des secondes. Le lieutenant du bord, les mécaniciens, président celle-ci, et le capitaine fait les honneurs de celle-là. A toutes deux règne un entrain parfait. Le bon goût et le savoir-vivre brillent à la première ; la seconde se distingue par... l'appétit. Quant aux passagers des troisièmes, ils couchent où ils peuvent et broutent ce qu'ils trouvent. Néanmoins, avec un peu d'adresse et d'imaginative, il en est qui savent se composer un menu qui n'est pas sans valeur. J'ai vu un sapeur français, qui se rend à Rome, présider un comité de deux ou trois voltigeurs, et je ne sais par quelle *voltige* ils se sont *créé* un dîner qui ne manquait ni de tournure ni de parfum.

Nous appartenons à l'arrière du Paquebot et cependant, par exeption cette fois, notre société, toute aristocratique qu'elle est, se trouve aimer le plaisir et la gaîté. Nous ne comptons que trois femmes, mais la qualité rachète la quantité.

Notre bâtiment ne fait escale ni à Gènes, ni à Livourne. Il va droit à Civita-Vecchia. Aussi suis je étonné que nous doublions le Cap-Corse, au lieu de franchir directement le détroit de Bonifacio, qui sépare l'île de Corse de l'île de Sardaigne. Mais, paraît-il, ce détroit est généralement de mauvaise humeur. En effet, ce n'e-t pas sans une profonde émotion que l'on se rappelle le cruel désastre de notre *Sémillante*, qui y périt corps et biens, chargée qu'elle était de tout un régiment français, à destination de Sébastopol, lors de la guerre de Crimée.

Il est deux heures et demie quand nous laissons le Cap-Corse derrière nous. Tapageur d'ordinaire, aujourd'hui. ce cap est doux comme un mouton, le ciel est si beau, l'air si calme ! Nous longeons pendant une heure la côte orientale de l'île de Corse, qui n'a pas moins de quarante-trois de nos lieues de France. De très-hautes montagnes forment l'épine dorsale de l'île. Celle qui nous semble la plus élevée n'a pas moins de deux mille six cent soixante-douze mètres au-dessus du niveau de la mer. On la nomme *Monte d'Oro* ou *Rotondo*. Des roches sourcilleuses, des arbres séculaires, des torrents mugissants, la mer mêlant le bruit de ses flots à leurs eaux turbulentes, et de vieilles tours romaines se montrant de distance en distance sur les plages, comme des vestiges de civilisation au milieu de cette nature robuste, âpre et capricieuse, tout concourt dans le spectacle qui nous est donné à faire méditer l'artiste, le poète, le philosophe et même l'homme simple qui se borne à lever les yeux vers le ciel, quand des beautés naturelles frappent sa vue. Nous apercevons ici et là de ces bois fameux que l'on nomme *mâquis*. Ce sont d'épais fourrés de genièvres, de myrthes, d'arbousiers et d'autres arbustes élevés. Quelquefois on les brûle pour ensemencer les terres qu'ils recouvrent. Mais le plus souvent ils servent de refuge inaccessible aux brigands ou à ces êtres doués d'une organisation exceptionnelle pour lesquels la *vendetta* est un besoin. Nous voyons aussi de longues chaînes de rochers qui percent le feuillage des bois de pins, de châtaigniers et de thérébinthes. Ces roches, paraît-il, possèdent des grottes où, pendant la nuit, se retirent les bergers et leurs troupeaux.

Longtemps, à l'aide de ma lunette, j'ai pu voir, sur la cime des rochers, des pâtres, appuyés sur leur long bâton, regarder d'un air mélancolique notre bateau passant avec la rapidité d'une flèche. Quelle différence de vie entre eux et nous ! Celle du touriste, toujours en mouvement, contraste étrangement, en effet, avec celle du berger, qui ne quitte jamais le vallon ou le sommet alpestre où il est né, où il vit, où il meurt. Je voyais aussi des femmes cheminant sur un sentier sauvage conduisant à un mâquis, où peut-être quelque *vendettore* attendait sa Colomba, et des mulets galoppant, suivis de leurs muletiers, sur la route qui conduit à Bastia... Mais pendant que je vous parle de la Corse, elle se perd pour nous dans la brume du soir et ne m'apparaît plus que comme un de ces nuages qui jettent l'ancre dans les profondeurs du ciel.

Maintenant en passant en vue de l'*Ile de Caprèra*, ce sont les marsouins qui récréent les curieux du bord par leurs jeux innocents et leurs tours de force exécutés à fleur d'eau, lorsque déjà le soleil se couche et fait rutiler les vagues.

Nous pénétrons alors dans le canal qui sépare la Corse de l'*Ile*

d'Elbe, *Isola Elba* ou *Ilva*, dont la surface, montagneuse et rocheuse en même temps, offre pour point culminant le *Monte
Cavanna*, qui s'élève à environ 3000 pieds au-dessus de la Méditerranée. Sa forme est très-irrégulière. Elle s'étend, comme un
géant couché, entre nous et la Toscane qui nous fait face à cette
heure, sur les rivages de l'Italie. Pour achever la comparaison,
l'île d'Elbe repose ses épaules du côté de l'Italie, dont elle est
séparée par le canal de Piombino, et étend ses pieds vers la
Corse.

C'est une chose étrange que la Providence ait placé, si près l'un
de l'autre, le berceau de Napoléon, et le tombeau de ses succès,
mais non de sa gloire! Né dans l'île de Corse, l'île d'Elbe le vit
arriver un jour, décoré du titre d'Empereur. Après avoir décidé
du sort de Napoléon, en 1814, les puissances alliées *avaient
daigné* donner, comme royaume, à celui qui avait régné sur l'Europe entière, cette pauvre petite Ile d'Elbe! Aussi, du mois d'a-
vril 1814, où le héros y entra, jusqu'en mars 1815 qu'il la quitta
pour courir à Cannes, en conspirateur, et de Cannes à Paris, en
triomphateur, les yeux de tout l'univers furent fixés sur ce petit
coin du globe.

La nuit s'est faite pendant que nous atteignons les côtes de l'île;
mais, comme la première nuit de notre navigation, la transparence qui règne nous permet de suivre et d'étudier du regard les
contours et les aspérités de l'île. D'ailleurs des feux s'allument sur
la crête des rochers et dans le creux des vallons. Ces feux, réflé-
chis par les eaux, et qui ne sont que le modeste chauffoir de pauvres pâtres gardant leurs troupeaux, éveillent l'imagination et
évoquent des souvenirs. Comment ne pas se souvenir quand au-

dessus de vos têtes et tout autour de vous plane la grande et toujours vivante image de Napoléon ?

Avant de m'envelopper dans ma couverture, pour dormir à la belle étoile, si possible, — je devrais dire au plus beau clair de lune du monde, — laissez-moi vous signaler l'*île de Pianosa*, à notre droite, puis celle de *Formicole*, à notre gauche, puis, à notre droite encore l'*île de Monte-Christo*, simple rocher constamment battu par la vague, mais couronné de gloire depuis que, sous la plume d'Alexandre Dumas, cette masse rocheuse est devenue le sanctuaire fabuleux des incommensurables richesses en or, diamants et pierreries, de l'abbé Faria. Libre à tous d'aller puise à cette mine inépuisable !

Ce matin, mardi, 18 août, à la pointe du jour, j'ai été réveillé par un bruit de manœuvres qui se faisaient sur le pont. Je me suis levé, c'était l'équipage qui tirait de la cale les bagages des passagers en destination de Rome. En effet, à l'horizon se montrait à nous la longue ligne bleue des côtes de l'Italie, avançant vers nous la pointe de terre qui porte Civita-Vecchia. Grand mouvement dans les cabines ! En un clin d'œil tout le monde se précipite sur le pont. Pour ceux qui voient l'Italie pour la première fois et qui vont débuter par Rome, c'est un enthousiasme difficile à décrire. Pour nous, touristes déjà moins neufs à l'endroit de cette douce émotion, c'est un soupir profond accompagné de ces mots :

— Enfin nous allons donc savoir la vérité à l'endroit de la quarantaine !

Sur ce, la vapeur semble redoubler de force pour nous rapprocher de l'antique *Centum-Cellœ* des Romains, et de la forteresse que dessina Michel-Ange, par ordre du pape Jules II, et que termina Paul III, pour la défense du port creusé par Trajan. Déjà nous distinguons ses tours, l'entrée du port, le phare qui luit encore malgré le soleil levant, et les clochers de la ville. Nous arrivons : la vapeur siffle ; l'ancre tombe. Aussitôt la calme se fait, car le paquebot reste immobile. Une barque s'approche : à sa proue flotte un petit drapeau blanc aux armes pontificales. Hélas! trois fois hélas! un homme, — mérite-t-il bien ce nom, le bourreau! — un homme présente au capitaine une large lettre placée à l'extrémité d'un très-long bambou, puis recule bien vite à l'arrière de sa nacelle, pâle de terreur. Mauvais présage! Décidément on nous traite en pestiférés. En effet, défense nous est faite de communiquer avec la ville, et ordre est donné aux passagers d'entrer au Lazaret pour y rester dix-sept jours dans la solitude et sous le séquestre. Dix sept jours!...

— De combien de jours est la quarantaine de Naples? crions-nous.

— Dix jours seulement! répond le bourreau, en détournant la tête, de crainte que la vapeur de nos bouches ne lui communique la peste.

Entre deux maux, la raison veut que l'on choisisse le moindre. Vous comprenez dès-lors, Madame, que nous réservons pour Naples notre épreuve du Lazaret.

Cependant, agitation pénible sur notre paquebot. Le drapeau jaune est hissé au sommet du grand mât. Pourparlers entre le capitaine et des membres du conseil de santé qui s'approchent, mais restent à distance respectueuse et ne communiquent les dépêches expédiées de Rome qu'à l'aide de leurs bambous.

Depuis l'île d'Elbe, notre paquebot sillone la *Mer Tyrrhénienne*, nom célèbre donné à cette partie de la Méditerranée qui, s'éloignant de la Toscane, s'étend jusqu'à la Calabre inférieure, la Sicile, et remonte jusqu'à la Sardaigne, parce que les peuplades Pélasgiques ou Grecques, qui vinrent s'établir sur ses côtes, portaient aussi le nom de *Tyrrhènes* ou *Etrusques*. Ces Tyrrhènes s'étaient rendus fameux comme navigateurs, mais surtout comme pirates. Cette mer Tyrrhénienne s'appelait encore, chez les anciens, *Inferum mare*, *mer Inférieure*, par opposition à *Superum mare*, qui se disait de l'Adriatique et qui signifie *mer Supérieure*.

Voici le plan topographique du port de Civita-Vecchia. Nous occupons le centre de ce port qui affecte la forme d'un carré long. Des murailles crénelées le séparent de la ville qui s'élève au fond. A notre droite, glacis rattachant la ville à la forteresse, et forteresse formant un château-fort composé de six tours disposées en jeu de quilles. A notre gauche, caserne occupée par un régiment français dont la vue nous fait battre le cœur. A la suite de la caserne, bâtiment sombre, sinistre, qui n'est autre que le Lazaret, et couvent de capucins, y attenant. Derrière nous, entrée du port séparée de la sortie par deux tours massives que relie une épaisse muraille, au pied de laquelle sont établies des cabanes pour bains de mer, où des Dominicains vont, à cette heure matinale, se préparer à braver la chaleur du jour.

On débarque bientôt les passagers dont s'emparent les gardiens de la santé, signalés par un brassart jaune. L'une de nos trois dames et son mari, jeune médecin attaché au service de l'armée d'Italie, des Espagnols, des soldats, un pauvre et bon religieux, et ceux-ci et ceux-là, sont conduits, tête basse, comme un vil bétail, aux fourches caudines du Lazaret. Ses fenêtres s'ouvrent :

nos compagnons s'y montrent confus, levant les yeux et les bras au ciel, surtout la pauvre jeune femme du médecin. Tous nous crient :

— Pas de lits ! Pas de chaises ! Pas de tables ! Rien, rien que de monstrueuses araignées, des tarentules sans doute, qui font émeute et dressent des barricades à notre vue...

Malgré tout, nous entendons nos captifs rire, chanter, jeter en l'air mille folles exclamations, mille lazzi drôlatiques, auxquels je réponds *in petto :*

— Voilà pourtant comme je serai... dimanche !

Toutefois les lits arrivent... On les voit sortir l'un après l'autre du couvent des capucins. Du linge, de la vaisselle, des chaises, des tables, toutes choses louées à grands frais, sont apportés d'ici, de là : nous sommes témoins de l'installation des prisonniers.

Cependant, sur le paquebot, se passe une scène d'un autre genre. Parmi nos passagers les plus distingués, les plus considérables et les mieux goûtés, se trouve le baron L..., envoyé par le gouvernement de France pour inspecter l'état sanitaire de l'armée française d'occupation. Son arrivée pour ce jour même, est annoncée à l'avance, attendue par les troupes, et doit d'autant moins souffrir de retard que, cette inspection faite, le baron prend la mer et se rend en Algérie, dans le même but et avec la même ponctualité militaire. Mais M. l'inspecteur a beau faire des représentations au Conseil de santé, montrer ses ordres, prier d'user du télégraphe pour demander au cardinal Antonelli une exception en sa faveur : il a beau s'offenser, s'irriter, menacer. Rien ne fléchit devant l'épouvante qu'inspire la peste dont nous sommes les porteurs maudits, vainement nous redoublons de coups de dents, à table ; vainement la fraîcheur et le coloris de nos visages prouvent en faveur de notre santé prospère ; il faut, bon-gré mal-gré, avoir la peste et se soumettre.

Il est midi quand nous quittons Civita-Vecchia. Nos pestiférés du Lazaret nous envoient leurs adieux et nous leur souhaitons bon courage. Long-temps la pantomime la plus expressive s'établit entre notre bord et leurs cabanons. Enfin nous les perdons de vue, et Civita disparaît à son tour dans la poussière d'or de ses côtes brûlées par le soleil.

Nous distinguons à merveille les rivages de la mer devant les-quels nous passons, et les accidents des ondulations qui les com-posent. Absence de culture. Le sol est livré à la nature, et ses productions servent de pâturage au bétail. Civita est située sur une pointe de terre très-avancée ; mais les côtes qui lui succèdent reculent d'autant et affectent la forme d'un arc-tendu. Quelques tourelles placées à distance, un vieux manoir au fond d'une anse, un autre château-fort avec donjons, se baignant dans les flots, saluent de loin notre passage.

Au-delà du rivage, la plaine se hérisse au loin de mamelons plus élevés : ce sont de nombreux monticules comparables aux vagues d'une mer solidifiée. On devine que Rome ne doit pas être loin, et que la ville éternelle a choisi les sœurs de ces collines pour y fixer le siége de sa puissance et de sa gloire.

La route qui de Civita conduit à Rome, comme nous, suit long-temps la côte et nous laisse voir son ruban monter, descendre, monter encore et disparaître peu à peu dans les terres. Nous aper-cevons sur cette route la métairie qui a nom *Santa-Severa*, établie sur les ruines d'une antique cité pélasgique. Jadis elle s'appelait

Pyrgos. L'histoire raconte que Denys-le-Tyran vint, tout exprès de Syracuse, en Sicile, avec cent vaisseaux, pour surprendre Pyrgos, qui passait pour une cité fort opulente. En effet, ce roi-pirate enleva de la ville un million de talents, et le talent avait une valeur de 5,500 francs, notez bien.

Il n'avait pas perdu son temps, comme vous voyez, le digne homme, et j'avoue que pour agir en larron, comme il le fit en cette circonstance, l'endroit était des plus favorables.

Un peu plus loin voici *Palo*, pauvre petit port de pêcheurs, dont les maisons sont construites avec les débris de l'ancienne ville étrusque d'*Alsium*. Le fameux Pompée et l'illustre empereur Antonin le Pieux y possédèrent des villas. Certes ! le site était fort pittoresque, et dans cette belle solitude on pouvait venir se retremper du fracas de Rome et de la lutte des passions. Mais, à cette heure, avisez où pouvait se trouver ces villas ?

Du pont de notre *Philippe-Auguste* on peut voir aussi, à demi-voilée par les ondulations des collines, *Cervétri*, l'antique Agyllà ou Cœre, au nord de Palo. Cette cité, fondée par les Pelasges, venus de Grèce, et nommée par eux *Agylla*, sans contredit, est l'une des plus anciennes de l'Italie. Quand les Etrusques se substituèrent aux Pélasges, ils lui donnèrent le nom de *Cœre*. Je n'ai pas besoin de rien ajouter sur l'histoire de cette ville, qui n'est plus qu'un village.

Mais qu'ai-je entendu ? Quel nom vient de prononcer le capitaine ? Rome ! Oui, Rome !

. . . .

Je viens de voir Rome ! Oui, j'ai vu, je vois encore, même à l'œil nu, Rome représentée par la coupole de Saint-Pierre qui rutila.

comme du bronze, à l'horizon terrestre, parmi les collines qui l'entourent. Je l'ai saluée, je la salue, la joie au cœur, comme une de ces merveilles qui méritent l'admiration et commandent le respect. Hélas ! un malencontreux mamelon dérobe à mon regard attristé cette apparition majestueuse et sublime. Ce n'est déjà plus qu'un rêve !

En effet, c'est bien la direction de Rome, car voici, fort au loin dans la brume du midi, sur leurs gracieuses collines, la belle *Frascati*, jadis *Tusculum*, le *Mont-Albain*, avec le couvent qui recouvre les ruines du *temple de Jupiter Latial*, et la chaîne des *montagnes du Latium*. Voici *Rocca-di-Papa* qui nous sourit dans son nid de verdure au penchant de ces monts; puis, plus près de nous, *Albano*, le cratère éteint qui contient son lac, et, sur son ouverture béante, les ruines gazonnées d'*Albe-la-Longue*. Voici les *Frattochie*, près desquels eut lieu la rixe entre Milon et Clodius, qui avait sa villa tout près d'Albano ; voici les *tombeaux* gigantesques d'*Ascagne*, fils d'Enée, et de *Pompée*, inhumé sur son propre domaine. Voici *Aricia* , où Horace fit la première station de son voyage à Brindes ; le *Sépulcre d'Aruns* , fils de Porsenna , entre Albano et Aricia ; *Bovillœ* et les ruines de cette ville, bâtie par Latinius-Silvius, quatrième roi d'Albe-la-Longue. Voici les mille aqueducs qui sillonnent l'*Ager Romanus*. Au loin, le *Soracte* montre sa tête chauve, au nord, puis, à l'est, les *monts de la Sabine*, et *Tivoli*, et *Subiaco*, tous lieux aimés et célébrés par l'histoire et la poésie.

Bien mieux, tout près de nous, sur le rivage, j'avise l'embouchure du *Tibre*, jadis *Albula*, maintenant *Tevere* en italien, qui, né dans les Apennins, en Toscane, grossi des ondes plus pures de la *Chiana*, jadis *Clanis*; de la *Nèra*, autrefois *Nar* ; du *Teverone*, le gracieux *Anio* des poètes ; et de l'*Aja*, la vieille *Allia*, immortalisée par la victoire des Gaulois sur les Romains en 390 avant J.-C., après avoir baisé les pieds de la souveraine maîtresse du monde, emporte les longs secrets de son histoire et vient les jeter avec ses eaux dorées en tribut à la mer.

Sur ses bords, la nouvelle *Ostie* nous montre ses maisons blanches et mélancoliques, tout imprégnées de la cruelle *mal'aria* qui règne en ces contrées. Mais, plus près encore, ces épaisses broussailles, ces monticules convertis en halliers, ces vallons épineux nous révèlent l'antique *Ostia* des Romains, enfoncée sous des plantes parasites et sous des décombres amoncelés. Nul bras n'a fouillé encore ses ruines curieuses qui doivent recéler bien des trésors. Jadis, à peine la pioche souleva-t-elle une fois quelque peu de terre, qu'elle mit à découvert des curiosités artistiques de haut prix. Pourquoi donc ne pas continuer cette œuvre ? Heureux le touriste qui sera le témoin privilégié de cette magnifique opération !

Maintenant c'est tout un chapelet de villes fameuses qui va défiler sous nos yeux, en décorant le rivage de leurs débris :

Castel-Fusano, où Pline-le-Jeune avait sa délicieuse villa, si connue sous le nom de *Laurentin*, qu'il nous décrit avec tant d'art ;

Prattica, l'antique *Lavinium*, fondée par Enée ;

Ardea, la ville de Turnus, la capitale des Rutules

Antium, maintenant *Porto-d'Anzio*, la capitale des Volsques, ces terribles ennemis des Romains qui, une fois vaincus, virent les proues en cuivre de leurs galères décorer, comme un trophée triomphal, la tribune aux harangues, désormais appelée *Rostra* ; Antium, où Agrippine, la mère de Néron, avait une villa qu'elle quitta un jour, par ordre de son fils, pour aller mourir à Beauli, près de Baïa ; Antium, où Cicéron possédait aussi une maison de plaisance ; Antium, où furent trouvés l'Apollon et le Gladiateur, la gloire du Belvédère, à Rome, merveilles qui révèlent l'opulence artistique de cette cité morte ;

Nettuno, avec les ruines de ses palais et le costume oriental des femmes de sa contrée ;

Et enfin le rocher qui porte *Astur*, où Cicéron avait une autre villa, — où n'en avait-il pas ? et d'où, comme Agrippine d'Antium, il partit une nuit pour échapper aux soldats d'Antoine, qui surent bien le découvrir près de Gaët, et l'égorgèrent.

Nous avons déjeuné dans le port de Civita ; nous dinions tout-à-l'heure en passant devant Ardée ; maintenant on devise et l'on fume sur le pont, pendant que les étoiles s'allument dans les cieux, que la lune se lève, que la brise souffle et que se prépare notre troisième nuit de navigation, nuit orientale, douce et parfumée. Aussi sommes-nous tous dans le ravissement.

Mais quel est ce colosse qui se dresse à l'horizon terrestre, à notre gauche, sur le rivage, au-dessus d'un promontoire qui brave fièrement les flots ? C'est le *Monte Circeo* ou *Circello*, extrême pointe du Latium, voisin de l'*Ile d'Œa*, réunie maintenant à la terre ferme et formant le promontoire en question. Autrefois, cette île et la montagne étaient le domaine de Circé, fille du soleil, et de la nymphe Persa. Homère a chanté cette montagne, cette île et la belle Circé, terrible magicienne qui, par ses breuvages enchantés, transformait en pourceaux les compagnons d'Ulysse, alors que ce guerrier, après la chute de Troie, parcourait les mers à la recherche de son île d'Ithaque, et que le caprice des flots l'avait porté vers cette île d'OEa. Circé, toute charmeuse qu'elle était, s'humanisa en faveur d'Ulysse, épris lui-même. Mais le héros, après avoir eu de la magicienne un fils, qu'il nomma Télégone, échappa aux enchantements, et parvint enfin à rejoindre sa fidèle Pénélope.

Voici encore *Anxur*, l'Anxur des Volsques, maintenant *Terracine*.

Un vapeur napolitain, la *Maria-Antonietta*, avait quitté Civita, au moment où nous pénétrions dans le port, ce matin. Il avait donc au moins six heures sur nous. Cependant, une noire aigrette de fumée et ma lunette nous le montrent à droite, au fond de l'horizon de mer, à l'arrière déjà de notre *Philippe-Auguste*, alors que nous dépassons le Monte-Circeo. Nous marchons, en effet, avec une admirable rapidité.

Si vous voulez qu'un beau monument soit dignement regardé ; si vous voulez que par ses détails et par son ensemble, il frappe d'admiration les hommes qui viennent le visiter, faites-lui une noble arrivée, car pour toutes choses il faut préparer l'esprit. Avant d'être en face de Versailles, vous le savez, on pressent sa grandeur : les larges voies, les magnifiques avenues vous ont disposé à admirer. Eh bien ! dites-moi, Madame la baronne, pour arriver en face de Naples et de son golfe, l'une des splendeurs du monde, est-il plus admirable avenue que cette route que je vous peins, toute semée de beautés naturelles ou de grands souvenirs historiques ? Ne perdez pas patience et suivez-moi, sur la carte ou des yeux de l'esprit, quelque peu encore ; nous arriverons bientôt... Regardez :

Il est à peine une heure de nuit, mais croirait-on qu'il fait nuit ? et déjà nous laissons derrière nous, à gauche toujours, *Gaëte,* la ville fondée par Enée, en mémoire de Cajeta, sa bien-aimée nourrice, qui mourut et fut inhumée sur ces bords. Un peu plus loin, sur le rivage, près de *Mola*, voyez-vous cette tour antique, massive et carrée, qu'abrite un caroubier ? C'est le *tombeau de Cicéron*, car c'est à quelques pas de là que le grand orateur tomba sous le poignard des sicaires d'Antoine. S'il faisait tout-à-fait jour, je vous dirais que c'est bonheur de contempler les bois d'orangers de Gaëte, son puissant château-fort, clé du royaume de Naples, ses riantes maisons baignées par la mer Tyrrhénienne, et les femmes de la contrée, qui, à leurs costumes pittoresques, joignent de belles tresses de rubans mêlées aux nattes plus belles encore de leurs longs cheveux d'un châtain presque clair. Voilà un prodige ! car, aux Italiennes des autres latitudes, la nature a donné la plus noire chevelure que puisse désirer une fille d'Eve.

Nous passons alors au travers de groupes d'îles bleuâtres dont l'aspect charme le regard. C'est d'abord *Palmarola*, c'est ensuite *Zannone*, puis *Ponza*, qui, comme des mouettes hardies, semblent défier l'agitation des flots. Voici venir ensuite *Vandotena*, l'antique *Pandataria*, qui recueillit les pleurs de trois illustres captives: l'impudique Julia, fille d'Auguste, le premier des Césars, condamnée à y vivre de pain et d'eau, afin d'éteindre, si possible, le feu trop ardent du sang vicié de sa famille; Agrippine, la vertueuse fille d'Agrippa et de cette infâme Julia, l'inconsolable veuve de Germanicus, qui, envoyée dans cet exil pour avoir rapporté à Rome les cendres de son époux empoisonné en Germanie par ordre du farouche Tibère, et l'avoir trop pleuré, s'y laissa mourir de faim ; et enfin la douce et chaste Octavie, fille pure de l'impure Messaline, et de l'imbécile Claude, sœur du bon Britannicus, et, comme son frère, victime de l'odieux Néron dont elle était la femme. A Pandataria succède *Ischia*, s'élevant du sein des eaux en forme de cône bicéphale, formidable volcan dans les temps passés, aujourd'hui majestueuse et verdoyante montagne toute semée de blanches villas, de gracieux hameaux et de saintes chapelles; viennent enfin *Procida*, heureuse et fière d'avoir été chantée par l'auteur des *Méditations* et des *Harmonies*, dans sa Graziella, et *Capri* que les cruautés, les débauches de Tibère et sa beauté rendent si fameuse.

Cependant, avant de franchir le canal qui sépare Capri d'Ischia et de Procida, enchaînées l'une à l'autre comme pour fermer le golfe de Naples, notre *Philippe-Auguste* longe la langue de terre que termine le cap Misène, et salue en passant.

D'abord l'acropole de la tant vieille *Cumes*, les ruines éparses à sa base sous les figuiers et les pampres sauvages, et l'antre béant de son antique Sybille;

Le *lac Averne*, autrefois si redoutable; l'*Achéron*, devenu le *lac Fusaro*; le village de *Bauli*, et les ruines de la *villa d'Agrippine*, l'incestueuse mère de Néron, placée sur le rivage de la mer Tyrrhénienne; les *Champs-Eliséens*, simples et nombreux tombeaux des soldats de la flotte romaine stationnant d'ordinaire dans le port de Misène;

Alors, doublant le Cap, où, d'après Virgile, Misène, le vaillant trompette de la flotte d'Enée, victime de la perfidie des flots, reçut la sépulture et donna son nom au *Promontoire de Misène*, ce n'est pas sans une surprise délicieuse que je vois, toujours à notre gauche, un golfe réduit aux proportions d'un grand lac, mais dont les contours sont gracieux, et les rivages peuplés de ruines magnifiques autant que de souvenirs fameux. C'est le *golfe de Baïa*, car la ville de Baïa décore de ses ruines les rampes orientales du bas-*Naples*.

3

sin, ou bien le *golfe de Pouzzoles*, car Pouzzoles, assise sur sa marge occidentale, y produit de loin la perspective la plus ravissante.

Nous visiterons ces lieux jadis si enchantés, et maintenant comme frappés de malédiction, car les ruines sont là, debout, qui semblent dire, dans un langage inflexible, que tout passe ici-bas. C'est une chose digne de remarque que tous ces retiros, fameux dans l'antiquité par les voluptés, les divertissements et les plaisirs dont ils étaient le théâtre, Paphos, Gnide, Amathonte, Cythère, Baïa, Pœstum, n'offrent plus maintenant que stérilité, décombres, tristesse et douleurs. La terre n'y produit plus, l'air y est infecté, la mal'aria frappe sans relâche les habitants.

Je vous parle encore de cette apparition magique, que déjà nous sommes entraînés par le paquebot, et que nous perdons de vue Baïa, Pouzzoles et leur golfe. Nous entrons dans... celui de Naples. Oui, c'est bien lui ! Le crépuscule règne encore ; mais voici que j'avise, au loin, sur notre droite, comme un vaste brasier qui ruisselle du penchant d'une montagne. On dirait de longs et fantastiques zig-zags de feu, sortant d'une fournaise. Une immense colonne de fumée s'échappe d'un cône gigantesque et s'élance dans l'air sous la forme d'un immense pin-parasol. Assurément, ce ne peut être que le Vésuve.

Nous touchons au but, car voici notre *Philippe-Auguste* qui s'élance à toute vapeur, comme un noble coursier aspirant au repos, dans une profondeur de mer qu'entourent de toutes parts, à des distances infinies, les plus gracieuses collines qu'il soit possible d'imaginer.

A gauche, ces merveilleuses ondulations du sol ne doivent être autres que les collines de Pausilippe.

A droite, ces autres collines, plus ravissantes encore et plus belles, sont bien certainement celles de Castellamare et de Sorrente.

Au centre, cette ville qui, depuis la base de l'amphithéâtre qui le porte jusqu'à son sommet, étale ses palais, ses dômes, ses châteaux-forts, et ses pyramides de maisons, c'est Naples.

A l'orient, là, le Vésuve, et à droite du Vésuve, Pompeïa ! Enfin, à la gauche du volcan, Herculanum, Portici !...

Quel spectacle grandiose !

A l'entrée du golfe, golfe immense comme Paris, notez bien, à l'entrée du golfe, comme une sentinelle avancée qui le garde et le protège, une île, mais une île fameuse s'il en fût, l'île de Caprée, l'île du tyran Tibère !

Et sur tout cela, d'abord l'aube qui blanchit, ensuite l'aurore qui écarte les voiles de pourpre et d'or de son palais, et enfin le soleil qui s'élance, comme un géant.

Je le répète encore : Quel spectacle admirable !

.   .   .   .

Hélas ! Madame la Baronne, j'oubliais la Quarantaine ! mais on nous y fait penser ! A peine dans le port, à peine enivrés de tout ce qui nous frappe, on voit notre grand mât s'envelopper du pavillon jaune, et le pauvre *Philippe-Auguste*, comme un paria, comme un lépreux, est chassé, contraint d'aller à l'écart, dans une anse de l'île de Nisita, près de Procida, près d'Ischia, à la pointe des collines de Pausilippe, et en face du golfe de Baïa, sur lequel je moralisais tout-à-l'heure. C'est là que pendant dix jours, enfermés dans un affreux Lazaret, nous allons languir et nous étioler...

En attendant, je termine promptement ce *manuscrit*, pour l'envoyer à terre, à la poste, car voilà le signal de la fuite, on a si peur de nous ! Il ne me reste plus qu'à vous offrir mes plus respectueux hommages, Madame, et à signer,

Le pauvre prisonnier, mais très-chaleureux ami,

VALMER.

À L'ILLUSTRE CHEVALIER DON QUICHOTTE, DE LA MANCHE, ET A SON FIDÈLE ÉCUYER SANCHO PANSA.

ÉPITRE TRACÉE AU CRAYON SUR LES MURAILLES DE MA CHAMBRE,
AU LAZARET DE NAPLES (1),
ET INSÉRÉE DANS LE JOURNAL HUMANITAIRE
Il Pasquino, A ROME (2).

Isle de Nisita, 25 août 185...

A moi ! venez à moi, fiers Redresseurs de torts !
Réveillez-vous, amis, sortez de votre tombe !
Roulez comme la feudre, éclatez comme bombe
Sur les maîtres sans foi de ces dangereux bords !

---

(1) *Lazaret*, refuge forcément donné à ceux qui sont regardés comme atteints de la peste, lépreux, etc., et qui porte ce nom de Lazaret, parce que la maladie des lépreux était réputée être celle dont mourut *Lazare*, le pauvre qui se tenait à la porte du mauvais Riche, ou parce que les *chevaliers de Saint-Lazare* eurent mission de les soigner.

(2) Nom d'une ancienne statue mutilée, à l'angle du palais Braschi, à Rome, au pied de laquelle on déposait les épigrammes et satires contre l'autorité. Cette statue a pris le nom d'un tailleur à l'humeur moqueuse, qui décochait ses traits malins contre ses contemporains. De là vient le mot de *Pasquinades*, plaisanteries.

Toi, maigre Don Quichotte, enfourche Rossinante,
Endosse sans délai ton armure sonnante ;
Abrite ton vieux front sous l'armet de Mambrin !
Et toi, dodu Sancho, sur ton âne mutin,
A l'arrière, fulmine, en ton mordant grimoire,
Les plus rudes lazzi de ton gai répertoire
Contre ces flibustiers, voleurs de liberté,
Qui, pour nous rançonner, prétextent la santé...

Il s'agit par ta dague et tes grands coups de lance,
Don Quichotte, il s'agit de châtier l'insolence
Non plus de ces Géants, aux effroyables bras
Qui, changés en moulins, te mirent patatras,
Disloquant sans pitié ta débile carcasse,
Nonobstant ton écu, ton heaume et ta cuirasse ;
Ni de ces chevaliers, innombrables légions !
Qui, pour tromper ton œil, devinrent des moutons
Dont ton ire, morbleu ! fit une boucherie
Trop digne assurément de leur supercherie :
Mais bien, *l'eusses-tu cru ?* d'un Conseil de Santé !

Voici le fait, écoute..., apprents la vérité.

Des rivages de France aux bords de l'Italie
Déjà, depuis trois jours, notre vaisseau cinglait,
Et, sans aucun péril, un doux vent le portait,
A l'Eden que l'on nomme et Sorrente et Baïe.

Du Vésuve enflammé, sur la moire des cieux
En vaste parasol s'élevait la fumée :
Les collines en fleurs d'un golfe radieux
Étalaient leurs beautés d'antique renommée.

Tour à tour répétés par la terre et les eaux
Le Pausilippe, ici, nous mettait en extase;
Là, Naples et la mer, déroulant leurs tableaux,
Déliaient notre langue en des torrents d'emphase.

Soudain, vers notre esquif, un canot arrivant,
D'un ton qui ne sait pas admettre de réplique,
Par la voix d'un faquin vient nous donner le vent :
« Que partis de Marseille, où règne la colique,
Nous apportons la Peste!... et que pour nous purger,
Dix grands jours à l'écart, passés en des cellules,
En face de la mer, permettront de juger
S'il faut user pour nous de clissoirs ou pilules... »

Sur nos fronts, notez bien, brillent de la santé
Le duvet, la fraîcheur, le feu de la gaîté.
Néanmoins on nous pousse en un réduit immonde :
D'un affreux drapeau jaune on nous signale au monde
Comme atteints de phthisie, enragés dangereux,
Grangrenés jusqu'au os, poitrinaires, lépreux,
Soupçonnés de folie, ayant sous l'épiderme
Des maux les plus affreux le plus terrible germe.....

Ainsi la déclaré le CONSEIL DE SANTÉ !

Sachez bien que Marseille est en salubrité.
Sachez bien que ses fils, livrés à l'allégresse,
D'un commerce béni, font fi de la détresse,
Qui tient en quarantaine un pauvre voyageur
Dont, par cette violence, on tarit le bonheur.
Mais qu'importe au Conseil ? Il n'est pas de puissance,
Pas de raisonnement, qui le mette au silence !

« Moi, Grand Conseil de Naple, en mon docte savoir,
Je soupçonne, en ces jours, la Peste au venin noir,
Dit-il en s'éveillant, de nous venir de France !
C'est un pays perfide, où règne l'arrogance,
Qui rêve le désordre.... Eh bien ! à la raison
Essayons de le mettre, en jetant en prison
Ses touristes surpris... Vive la Quarantaine !
Faisons du Lazaret, pour eux, Croquemitaine !
D'ailleurs le Lazaret, — qu'entre nous il soit dit, —
Nous a coûté bien cher pour l'avoir recrépi !... (1)

Un beau petit impôt de... vingt ducats, par tête,
Nous donnera, Seigneur, moyen de faire fête,
Au Lazaret d'abord heureux de ce butin,
A nous, l'occasion... de quelque bon festin !... »

J'espère bien, Sancho, j'espère, Don Quichotte,
Qu'à ce récit, soudain, vous aurez une botte
A porter au Conseil !.... Ah ! vous voulez parler ?
Fâchez-vous, mes vaillants, sans trop vous essouffler.

« Noble et savant Conseil, va chercher tes barettes :
Sur tes yeux obscurcis assure tes lunettes ;
Regarde : Dans tes murs, la gale et le typhus,
La teigne et cætera répandent leur virus.
Le peuple en ses haillons offusque le touriste :

---

(1) Il est notoire à Naples, et les livres qui traitent de la matière en font foi, que c'est un moyen fréquemment employé, à Naples, pour battre monnaie, quand l'argent manque, que de soumettre les voyageurs à des vexations aussi injustes que criantes.

Ce qui fuit le regard... se devine à la piste...

Au physique, au moral, ici, de la laideur

La plèbe est un miroir qui révolte et fait peur.

On rougit au contact de tant d'ignominies :

On se croit le jouet d'infâmes gémonies :

Ta peste, la voilà ! Purge donc ta cité

Avant de prendre à cœur le soin de leur santé.

Car, s'il est en ces lieux besoin de quarantaines

C'st pour vous... que l'on n'ose approcher sans **mitaines.**

Sachez-le, mes Seigneurs, quand vous fermez les **yeux,**

Quand vous trouvez meilleur un impôt odieux

Taillé sur l'étranger, tout-à-coup mis en cage,

Qu'un accueil amical, et bienveillant et sage,

Le Français vous apprend la grandeur, la bonté....

Le bon ton, l'élégance et la civilité

Le distinguent de vous, imbus de convoitise,

Et dont l'argent et l'or sont toute la devise.

Quoiqu'il en soit, Messieurs, louange à vous, **honneur !**

Des étrangers joyeux éteignez le bonheur :

A défaut de talent montrez du despotisme,

Puisque chez vous, hélas ! il n'est d'autre **héroïsme.**

Mais, par ce noble armet ! tout entier l'univers

Saura que vous avez l'esprit tout de travers ! »

Bravissimo, Sancho ! Bravo, mons Don Quichotta

Maintenant, et sur ce, qu'ils dansent la gavotte.

Jusqu'ici sans vergogne et sans nulle pudeur,

Qu'ils sachent donc enfin ce que vaut un **censeur !**

Cependant du cachot, sur nous, les sombres **portes**

Pour dix jours ont grincé. Des gardiens les **cohortes**

Nous apportent la planche, et le **faix de maïs,**

Qui sera notre banc, qui sera notre lit :

La lourde cruche d'eau, puis l'indigeste pâte
De leur macaroni, que tout chacun se hâte
De jeter aux poissons.

« — Captifs, bonsoir ! Guérissez-vous !
Mangez, buvez, chantez, dansez jusques au bout ;
Ou bien jeunez, pleurez, dormez, tout à votre aise
Nul ne vous blâmera... Pourtant, ne vous déplaise !
Préparez, mes agneaux, la belle toison d'or
De vos ducats, sans quoi pas un n'ira dehors
Au grand jour du départ... Un peu de complaisance !
Votre captivité nous donne de l'aisance...
Eh ! parblèu ! n'est-il pas honnête de s'aider
Sur cette pauvre terre ?

« Ainsi de nous railler !

Nous voici donc parqués, comme au Jardin des Plantes
Les animaux, jouets des enfants, des servantes.
Chacun, dans sa prison, va, vient, rampe en son coin.
C'est d'un horrible ennui de vivre en un recoin,
Car en dix jours, hélas ! combien de lentes heures !
Pour les tromper encor s'il était quelques leurres ?
L'un destine et prépare un chef-d'œuvre certain :
L'autre écrit ses douleurs sur un patient vélin ;
Celui-ci dit au vent la phrase musicale
Qu'inspire à son génie ou des nuits l'astre pâle
Ou le flot sur la grève. Au déclin du long jour,
En vers harmonieux, cet autre, avec amour,
Chante la liberté !... Tous, baillant la matinée,
Baillent encore à l'heure où finit la journée.

Gardons-nous toutefois d'être ingrats, mes amis.
De la captivité je peins les longs ennuis,
Mais je dois dire aussi la suave jouissance,
Que procure le Ciel aux enfants de la France.

Il va de par le monde, en guise de courrier,
Une fille légère, aimant à babiller,
Car, pour causer, elle a, ne plus, ne moins, cent bouches
Toujours en mouvement, et d'horribles yeux louches,
Qui ne laissent rien perdre, ici, là, furetant,
Et de tous les humains les secrets emportant,
Pour les dire.... partout. Madame Renommée,
Tel est son nom, dans son ardeur accoutumée,
Nous voyant à la diète, abreuvés de chaudeaux,
Mangeant d'un noir brouet, n'ayant pour tous tableaux
Que de hideux forçats ramant sur les galères,
Dans Naples se hâta de dire nos misères.

Dès-lors tout fut changé. Le moment du repas
Chassa pour nous bientôt, le chagrin, le trépas.
Comme aux festins d'Horace on nous couvrit de roses ;
On nous fit un bazar des plus suaves choses.
Des femmes — la femme est l'ange du sol maudit ;
Vinrent nous présenter les dons du Paradis :
Des Abbruzes le vin, du gibier, des lazagnes,
Les fruits d'or de Sorrente et les fleurs des montagnes.

Alors avec patience, on attendit des Cieux
La liberté promise, et, le feu dans les yeux,
            A la France, aux Napolitaines,
            En dépit de nos Quarantaines,
            On adressa mille chansons
            Dont je redis les plus doux sons :

Arrière à la mélancolie,
Buvons !
A nous, appelons la folie,
Dansons !
Vibrantes cordes de la lyre,
Sonnez !
Chœurs joyeux d'enfants en délire,
Tonnez !

Amis, trinquons,
Amis, disons
De la belle Patrie
Les plus jolis refrains :
A la France chérie
Un salut à deux mains !

A cette heure, Sancho, maintenant, Don Quichotte,
A l'œuvre, mes Vaillants ! Que partout l'on chuchotte,
En lisant LE PASQUIN : Otez donc la.... culotte
Au Conseil de Santé ! Qu'on le cingle et le frotte,
Afin qu'en sa mémoire il prenne bonne note
Qu'un gai Français n'est pas de ceux qu'on emmenotte !

                                        VALMER.

A MADEMOISELLE AGLAÉ GILLOUX, A TOULON.

Naples, 29 août 185...

Tu sais combien j'aime le mouvement et l'agitation, ma chère cousine ; je t'en ai donné des preuves au classique jeu de boules, dans la grande allée des cyprès, à ta Bastide du Cap-Brun. Doux souvenirs ! Mais ce que tu ignores peut-être, — je dis peut-être, car je dissimule très-habilement ce défaut, — c'est que je suis curieux, très-curieux... Ne me trahis pas ! Je te l'avoue, à toi, parce que tu es ma confidente. Or, il me faut toujours du nouveau. Ce que j'ai déjà vu m'assassine si on me le représente : j'ai soif de l'inconnu. Tu comprends bien qu'il s'agit des choses et... non des personnes. Je ferais mille lieues pour voir un objet ignoré. Ce défaut s'allie parfaitement, tu le vois, avec ce besoin de locomotion, de tourbillonnement et de rotation dont je suis tourmenté.

D'autre part, l'ami Valmer, que tu ne connais que trop, car combien de fois ne nous a-t-il pas battus au susdit jeu de boules, l'infâme ! — l'infâme s'applique à M. Valmer et pas au jeu de boule, dont je raffole, — l'ami Valmer, dis-je, a une infirmité que tu ne devinerais jamais. Maintenant que j'ai entamé le chapitre des révélations, je vais tout te dire. L'ami Valmer, donc, est de la révolution de 1830, il est romantique. Tâche de bien comprendre ce mot. A ce titre, il a Paris en horreur à cause de ses démolitions et de la métamorphose qu'on lui fait subir. Il pleure les gargouilles qui s'alongeaient en gouttières ; il regrette les toits à pignon qui dentelaient l'éther bleu. On le voit se promener dans les rues Thibault-aux-Dés, Glatigny, Vide-Gousset, du Puits-qui-parle, de l'Arche-Marion, Pierre-Lescot, Cocatrix et bien d'autres, pour y chercher des quiquengrognes, des tarasques et des salamandres désormais introuvables. Pleut-il ? Le soleil darde-t-il ses feux ? il veut se réfugier sous l'auvent de pierres des antiques demeures ; mais plus rien ! Souvent il rôde, comme une âme en peine, autour de Notre-Dame pour y contempler les dernières ogives et les dernières rosaces que partout ailleurs fait tomber le marteau des démolisseurs.

— O Dieu ! s'écrie-t-il, dans son indignation, il n'y a plus que des Vandales ici !...

Le digne homme a pris en haine la ligne droite que l'on crée partout : c'est dire qu'il exècre la rue de Rivoli. Comme à moi du nouveau, il lui faut, à lui, des lignes torses, des lignes courbes, des zig-zags à n'en plus finir et à se perdre. Et quand, pour se mieux rappeler son vieux Paris, si poétique avec ses tourelles, ses poternes, ses rues tordues, anguleuses, ses carrefours, ses vieilles basiliques, ses charniers et ses cloîtres, il va se promener dans les ruelles de Saint-Jean de Beauvais, Galande, Charretière, de la Huchette, et de la Juiverie, en la Cité, il faut l'entendre soupirer :

— Que sont-ils devenus mes Clers de la Basoche ? Où êtes-vous, mes gentils *escholiers* de la rue du Fouarre ?

Or, ma très-chère Aglaë. M. Valmer, dans une telle haine du Paris Impérial de Napoléon III, et moi dans la démangeaison d'aller, de venir, que je t'ai dite, nous nous sommes enlacés bras dessus bras dessous, et nous avons pris, le 15 de ce mois, et pour la quatrième fois, le chemin de l'Italie. M. Valmer adore l'Italie, et, dans l'Italie, il est en extase devant les plus vieilles bicoques. Tant plus elle sont noires, enfumées, étroites, sans air et sans espace, tant plus il jubile. Dieu sait le bonheur qu'il se promet à Naples et à Rome, but de ce voyage.

A tout ceci j'ajoute une grande nouvelle : Ma bonne mère s'est enfin décidé à venir avec nous... Juge de mon bonheur !

A toi, fille de la mer, et vivant sur ses rivages, je ne dirai rien de la traversée. L'élément liquide a respecté nos délicates constitutions. Mais apprends que nous arrivions allègres et joyeux.. en face de Naples, lorsque le plus affreux contre-temps est venu nous plonger des hauteurs du ravissement dans les bas-fonds d'un igno-ble Lazaret. O ma belle cousine, puisses-tu ne jamais connaître les émotions d'un pareil mécompte! Quand je me suis vu, moi, gymnasiarque par excellence, condamné pour dix jours, comprends-tu? dix jours de Lazaret! — à un repos absolu, dans une cellule étroite, dans un vrai cachot, la fureur me saisit. Je voulus écrire à l'Empereur, au Pape, au roi de Naples... Je m'écriais :

— Muse du Pamphlet, coiffe ton bonnet phrygien, brandis ta pique et chantons la Marseillaise! A moi, P. L. Courrier, à moi, Cormenin, à moi, Rouget de l'Isle, à moi, C. Delavigne. Prêtez-moi vos traits et vos flammes, que je dise à l'univers les motifs de ma colère! Aux armes, montagnards! Apportez-moi vos capsules et vos tromblons! Que le tocsin sonne! Que les lampions s'allument! En avant! Voici qu'un Conseil de Santé, assis sur des sacs de ducats, gorgé du vin de la cupidité, veut nous dépouiller de nos écus! Oh! mais cela ne se passera pas sans égratignures! Au moins, si ces gens nous dépouillent, qu'ils nous laissent notre liberté!...

Puis, me promenant sur un long balcon qui domine la mer, et me trouvant là en face de Capri, d'Ischia, de Procida, îles bleuâtres, verdoyantes, capitonnées de villas, et surtout si calmes; en regard de la baie de Baïa, dont les ruines parsèment les collines; de la ville de Pouzzoles, de celle de Baïa, et de mille merveilles rappelant les plus curieux souvenirs de l'antique gentry de Rome; enfin voyant ma mère pieusement résignée, et M. Valmer promenant son télescope sur tout le panorama que je viens de dire, je me tus, et me repliai sur moi-même, chose rare, très-rare! je le dis franchement.

Alors le jour se fit dans mes souvenirs. M'apparut ta Bastide, la Bastide de ton bon père, ce frais retiro où Léonide et toi vous avez passé votre enfance sous l'aile de votre excellente mère. Je revis les grands ifs à l'ombre desquels nous avons tant de fois récapitulé les espiègleries de notre jeune âge ; l'allée des cyprès si souvent témoin de nos jeux ; les figuiers, les alisiers dont les fruits savoureux nous faisaient attendre patiemment l'heure du repas ; l'aloës, dont chaque feuille, comme le livre du cœur, porte gravés les noms de ceux que j'aime : je me sentis ébloui par la vive lumière de l'horizon si rutilant, si vaste, si vert, qui encadre votre domaine ; et surtout je fixai les regards de mon âme sur vos visages à tous, si bons, si gais, si empressés à nous complaire. Cette vision magique occupa tellement mon esprit et mon cœur, elle rafraîchit si parfaitement mon âme, qu'à mon tour je me trouvai disposé à subir le supplice infligé. Seulement je me promis bien de vous visiter vingt fois par jour de la sorte, sinon pour rire avec toi, comme un certain dimanche soir, au dîner de famille, au moins pour vivre plus joyeux au contact des pensées que me laisse votre tendre affection. De ce moment les jours se sont écoulés lentement, d'une façon paisible : ma mère, notre ami et moi, nous parlions de vous, et l'heure de la liberté a sonné, alors que nous prononcions encore vos noms chéris.

Figure-toi que le vapeur qui nous avait amenés de France, tout d'abord nous avait portés jusqu'à Naples. Nous avions été faits prisonniers au moment même où, du beau milieu du port, nous contemplions le lever du soleil sur le site merveilleux que l'on nomme *Golfe de Naples*, et qui, sous l'aube d'abord, sous les feux de l'aurore ensuite, puis sous les rayons toujours croissants de l astre du jour, semblait sortir une seconde fois de la main du Créateur.

Les Napolitains ont dit avec orgueil de leur belle cité :

— *Vedi Napoli e poi muori ! Voir Naples et puis mourir !*

Certes ! je veux bien admirer le golfe , la ville et les splendeurs de Naples ! mais je refuse de mourir... Au contraire, je veux vivre ! Je veux vivre pour connaître et admirer tout ce que l'Auteur des mondes a créé de riche et de beau...

En effet , ma chère cousine , jamais imagination de poète n'a rêvé réunion de bautés plus splendide et plus riche que celle réalisée par Naples , son golfe et les monts qui forment son bassin. Ciel pur, doux climat, sol varié. Ici , vertes campagnes ; là , riants bocages d'aloës et de myrthes , d'orangers et de térébinthes : partout ; gracieuses ondulations de collines serpentant à fleur d'eau à l'entour de la baie , comme pour servir d'avenue à l'antique Parthénope. Aussi le voyageur qui arrive du large, aspirant avec délices les vagues senteurs dont embaument l'air les parfums de Sorrente , à droite , et de Pausilippe , à gauche , voit-il avec admiration la mer s'enfoncer capricieusement dans les terres , et creuser une foule de petites anses et de profondeurs gracieuses , le long de ces charmants rivages , dont chaque point culminant porte des palais , des villas , des temples ou des ruines pittoresques. Il laisse derrière lui des îles qui, comme des mouettes légères, rasant la plaine humide , voilent déjà , dans la brume d'or d'un ciel brillant , leurs profils fièrement découpés. Il passe au milieu d'autres îles d'une verdure incomparable , car elles renferment d'anciens volcans assoupis qui les fécondent. C'est *Ischia* , qui se dresse sur les flots, semblable à une large pyramide à deux pointes, arrondie à sa base. C'est *Procida*, véritable corbeille de fleurs tombée du ciel et livrée au caprice des eaux. C'est *Capri*, affectant la forme bizarre d'une chèvre gigantesque, accroupie sur les vagues qui la bercent et l'endorment. D'un côte, après le *Cap de Misène*, le *Golfe de Baïa* creuse un golfe profond que décorent ses ruines, qu'embellit *Pouzzoles*, et sur lequel les souvenirs de l'histoire font planer de radieuses ou mélancoliques images. Puis vient le *Promontoire* et la longue *Chaîne du Pausilippe*, dentelant le ciel bleu de ses sinuosités verdoyantes, de ses villas somptueuses, et des ruines merveilleuses de ces demeures illustres dont les échos redisent encore les grands noms de Cicéron, de Virgile de Pompée, de Marius, de Cornélie, de Pollion, de Lucullus et des Césars. De l'autre côté, c'est l'autre chaîne plus romantique encore peut-être, qui s'étend de *Castellamare* à *Sorrente* et de *Sorrente* au *Cap Campanella*. Villes et hameaux groupent leurs blanches maisons sous la haute ramure et le luxuriant feuillage d'arbres séculaires étagés sur les montagnes. Les festons des pampres qui les décorent, courbés en arceaux, et agités par une brise incessante, leur donnent un air de fête perpétuelle. Partout où une plate-forme se montre, où un vallon se creuse, où un torrent ruisselle, une bourgade étale ses églises, ses châteaux, ses villas, ses chaumières. Ici et là, les barquettes et les chaloupes de ces villages aériens se balancent sur le flot de la grève. Et puis les routes, des routes blanches et sinueuses, y montrent, par intervalles, leur longue écharpe, que voilent mystérieusement les ombrages épais de bois d'orangers et des forêts de citronniers toujours en fleurs, en même temps qu'ils sont chargés de fruits verts et constellés de pommes d'or. Enfin, sur tout cet ensemble de sublime et grandiose paysage, la plus opulente nature, un climat fortuné répand à pleines mains la variété des sites, la splendeur des perspectives, l'éclat du coloris, la transparence d'une lumière éblouissante. On y admire surtout cette incommensurable nappe d'eau azurée qui s'étend, joyeuse, animée, étincelant de rayonnements dorés, sous un ciel prestigieux et d'un bleu d'outremer tel que nulle part ailleurs on n'en peut voir d'aussi beau.

En face de lui, mais nageant dans les vapeurs légères d'un lointain qui se rapproche, éteignant les diverses assises de ses quais, de ses rues, de ses môles qui l'appuient, des dômes qui la dominent, des forteresses qui la couronnent et l'entourent, le touriste contemple Naples, mollement livrée au doux nonchaloir qu'elle aime, baignant ses pieds dans la mer, et la tête paresseusement appuyée sur les hautes collines, antiques cratères, éteints désormais, du *Vomero*, de *Sant'Elmo*, de *Capo-di-Monte*, etc.

Mais ce qui attire irrésistiblement son regard, c'est la montagne qui se montre à l'orient de la ville, et dont le vaste sommet pourfendu, effondré, déchiré comme par l'explosion d'une mine formidable, a dispersé ses décombres sur ses larges talus. Ce qui absorbe sa curiosité, c'est, tout à côté, cette même montagne, élargie des décombres de sa tête tombée, qui élève et qui porte avec orgueil vers le ciel un cône de cendres et de scories, d'où s'échappe une énorme aigrette de fumée, en forme de pin colossal, dont les entrailles mugissent et tonnent, et qui, par ses cratères vomit d'horribles traînées de laves incadescentes qui forment ses flancs. Ce qui fait battre son cœur c'est le nom de Vésuve qu'il a tant de fois prononcé et qu'il peut à cette heure appliquer au géant de feu qu'il a devant lui, et dont dix-huit siècles de durée n'ont pas encore amoindri les fureurs. Mais alors il se demande comment il est au

monde des créatures assez indifférentes pour leur vie, assez peu
désireuses du repos, assez confiantes dans l'avenir, pour oser
planter leurs tentes au pied même de ce volcan, si redoutable et
si fantasque. Il ne peut sans un étonnement, joint à une profonde
mélancolie, suivre de l'œil cette longue caravane de maisons de
plaisance, de délicieuses villas, de demeures princières, qui, sur
les déclivités de l'abîme, pouvant d'un moment à l'autre lancer le
feu, la torture et la mort, semble s'avancer philosophiquement à
la ruine sous le nom fleuri de *Portici*, de *Resina* de *Torre del
Græco*, etc.

Tels sont les aspects magiques qui charment le touriste en même
temps qu'ils l'étonnent... Donc, j'étais en extase devant Naples,
comme tu le vois, et, des beautés de nature, passant aux œuvres
de l'homme, de notre navire qui stopait en face du môle, je re-
gardais, dans le port militaire, ses frégates, ses goëlettes, et un
ou deux navires de guerre dont les matelots étaient à la manœuvre; dans le port marchand, j'examinais les gabares, les chaloupes, les péniches et les vaisseaux de toutes les nations qu'entouraient des centaines de barques venues de terre, comme des bandes
d'oiseaux affamés, pour en recevoir ou y porter les marchandises;
enfin, je contemplais les balancelles et les paquebots à vapeur
arrivant ou partant, lorsque j'avisai la longue flamme jaune,
tombant de notre grand mat, qui me rappelait la triste vérité, à
savoir notre condamnation au Lazaret!

Déjà la vie, une vie fébrile s'était emparée de tous les habitants
riverains de la mer. Sur les dalles blanches des quais glissaient,
comme des flèches, au risque de s'abattre vingt fois, les *calessini*,
les *corricoli* et les mille voitures de la cité; déjà, quoique à dis-

tance, nous étions assourdis par le bruit et le tapage qui s'éle-
vaient de la ville éveillée et de ses rues turbulentes et criardes ;
déjà, muni de ma lunette, je pouvais voir les gestes extravagants,
les courses furibondes et les luttes joyeuses des lazzaroni, peu ou
prou vêtus, groupés sur les carrefours de la Marinella, et s'agitant comme si quelque tarentule avait piqué tous ces écervelés,
lorsque notre paquebot gémit, sa vapeur poussa un long soupir,
et le bâtiment tourna sur lui-même. Hélas ! cent fois hélas ! au
nom et par ordre du maudit Conseil de Santé, on nous enlevait à
notre vision fantastique, si radieuse, si nouvelle pour nous, si
émouvante, et on nous conduisait à la prison qu'on appelle Lazaret, situé auprès de l'île de Nisita, ancien volcan, jadis théâtre
historique sur lequel Cicéron eut une entrevue avec Brutus ; où
Jeanne Ire se cacha pour fuir la haine de ses sujets, et qui vit repousser le duc de Guise, d'une tour, à cette heure servant de
bagne... Méditer pendant dix jours et dix nuits, en face de la mer
qui, le soir, s'illumine des plus riches phosphorescences, ou dont
les vagues sont sillonnées par des barques de lazzaroni qui pêchent
aux flambeaux, et en face des forçats rouges et jaunes qui rodent
autour de nous, c'est long, bien long, trop long ! Qu'en dis-tu,
cousine ? Mais ces mauvais jours ne sont plus...

Quand vint le moment de la sortie du Lazaret, hier, à huit heures du matin, et qu'on nous fit passer en revue par le médecin
auquel chacun dut donner quatre piastres, pour des visites qu'il
n'a pas rendues, le timide personnage ! jamais clairon sonnant la
diane, jamais trompette appelant au boute-selle, jamais tambour
battant la charge, ne virent pareille ardeur à la débacle. Palsam-
bleu ! comme j'y allais pour mon propre compte. Une barque nous
attendait pour traverser le bras de mer : je me jetai dans le bachot,

mais, pas trop d'empressement, je tombai sur la poitrine de véné-
rables carabiniers du roi qui, spéculant sur notre joie, faisaient
chorus, avec les douaniers, pour nous tendre la main et nous demander humblement *una piccola moneta*, quelques petits sous ,
comme disent nos savoyards, sous le prétexte de ne pas exiger nos
passeports et de fermer les yeux sur nos bagages. Je les fis cha-
virer, les misérables ! et l'un d'eux faillit piquer une tête dans la
lagune en voulant rattraper son chapeau. Bref, sur le rivage, à la
pointe du Pausilippe, nous montons dans une calèche que nous
ont envoyée des Napolitains auxquels nous sommes recom-
mandés.

La voiture, bien attelée, part au grand trot, longeant le versant du Pausilippe opposé à celui que baigne le golfe. Nous suivons
l'ancienne *voie Antonienne* qui jadis unissait Rome à Naples; et
nous laissons à notre gauche le lac Agnano et la Grotte-du-Chien.
Une longue et belle avenue de hauts arbres nous conduit rapidement au village de *Fuori-Grotta*, adossé au Pausilippe. Ce nom de
Fuori-Grotta veut dire *hors de la Grotte*. Déjà nous avons rencontré sur la route les véhicules napolitains appelés *corricoli*, ces
étranges voiturins attelés d'un seul cheval, haridelle efflanquée,
le cou chargé de grelots, la tête ornée de plumes fanées, de clin-
quants et de petites images de la Vierge, et, du reste, courant comme le vent, sans dire gare ! Sur l'unique siège de cet atroce
véhicule, six personnes, dont invariablement un ou deux moines
occupent la plus large place, quatre se tiennent debout, comme
nos laquais, sur une planche fixée à l'arrière; quatre autres sont
en califourchon sur les limons; enfin, comme la véritable science
consiste à bien disposer les choses, un filet à larges mailles est
placé en hamac

la bête, et là, dans un groupe indescriptible, grouillent deux ou
trois gamins et autant de femmes. Seulement, en égard au nuage
de poussière dans lequel se balancent ces infortunés, fort joyeux
néanmoins, il faut avoir bonne vue pour les distinguer. J'ajoute
que le cocher couronne et domine l'ensemble, droit comme un I
derrière le tout, conduisant à grandes guides par-dessus les têtes,
et plaçant dans son fouet les jambes de son cheval. Tel est le corricolo ! J'espère que ma description te fait voir très-nettement
cette curieuse pyramide roulante de seize à dix-huit corps humains. *Non-seulement nous nous croisons avec* bon nombre de
ces corricoli qui conduisent leurs pratiques à Pouzzoles, moyennant un carlin, trois lieues pour quarante-cinq centimes ! mais
aussi nous voyons chevaucher ici et là avec un nonchaloir parfait, sur des ânes ventrus, de bons religieux, des femmes dans
leur costume de fête, et de braves paysans qui vont au marché.
Délà aussi, dans les quelques cases tratorie *qui* bordent la route,
et surtout dans le village de *Fuori-Grotta*, nous avons vu au-dehors et au-dedans des maisons, des statuettes, des peintures et
des images grossièrement enluminées de Madones avec leurs chapelets, et leurs petites lampes constamment allumées. Déjà, enfin,
nous avons contemplé, non sans stupeur, de ces détails de toilette,
accomplis au grand jour, qui nous révèlent l'étrange excentricité
de la population napolitaine.

En tournant à droite, nous voici sous un tunnel, qui n'est autre
que la *Grotte de Pausilippe* ou *de Pouzzoles,* au choix

Le tuf volcanique de la colline composée d'un amalgame de
petites pierres *pouzzolane* a été ainsi creusé en tunnel, dans l'antiquité la plus reculée, par les Cimmériens, *habitants primitifs de*

cette partie de l'ancienne Campanie, disent les uns; par les Romains, disent les autres. Les mieux instruits affirment que le percement de Pausilippe fut confiée à l'architecte Cocceius, envoyé par Agrippa, afin de faciliter les communications entre Naples et Pouzzoles. Sénèque et Strabon en parlent dans leurs ouvrages. Au moyen-âge, la croyance populaire attribuait ce travail aux enchantements de Virgile, dont on faisait un terrible magicien. Toutefois, sous les Romains, le tunnel était loin d'avoir la hauteur que lui fit donner, en abaissant le sol, Alphonse I d'Aragon, au xve siècle. Pétrone dit même que la voûte était tellement surbaissée à certains endroits qu'il fallait s'incliner pour passer. En effet, on voit dans toute la longueur du souterrain, un peu plus haut que le milieu de son élévation actuelle, les traces profondes qu'ont creusées dans la pouzzolane les moyeux des chars romains. On a donc adouci de plus de moitié la pente de la voie Antonienne qui, pour y aboutir, devait gravir une montée fort raide, surtout du côté de Naples. Ce tunnel est long de sept cents mètres, large de vingt-quatre, haut de vingt-cinq à ses deux extrémités, mais beaucoup plus bas à l'intérieur, de sorte que, quand la route n'était pas encore mise au niveau actuelle, on devait, vers le centre, toucher facilement la voûte. La grotte est éclairée par vingt-quatre reverbères qui brûlent jour et nuit. Sans cette précaution, le bruit infernal des voitures dans le souterrain très-sonore, et le nombre des voyageurs à pied, à cheval, à âne, ainsi que des bestiaux, causeraient souvent de très-graves accidents, qui ne laissent pas d'être encore assez fréquents, à cause de la rapidité de tous les véhicules qui ne veulent jamais ralentir leur allure. Ici, disons-le desuite, la police n'a pas la moindre action. Elle est invisible d'ailleurs, et ne s'occupe que de politique. Tuez-vous, mais ne conspirez pas! telle est sa devise. Rien de plus fantastique que ce

tunnel de Pausilippe. A droite, à peu près vers son secol.. ..ers,
du côté de Naples, on a creusé une chapelle que dessert un ermitte
Un peu plus loin, aux pieds d'une Madone, se tient un frère
quêteur, capucin qui vous montre son plat de cuivre en nazillant
le *una piccola moneta* ! mot souvent répété à Naples et dans les
environs. On nous dit que l'orientation du souterrain est telle qu'à
la fin de février et d'octobre, le soleil couchant se montre parfaitement, d'une extrémité à l'autre du tunnel, qu'il inonde de ses
rayons, ce qui est d'un effet magique.

A la sortie de la grotte, alors que le grand jour et le soleil
éblouissent et qu'on respire plus à l'aise, saluez bien bas, car là,
sur votre droite, sur ce plateau taillé dans la pouzzolane de la
colline, vois-tu cet antique *columbarium* à demi voilé par des
rameaux verts ? C'est le tombeau de Virgile ! C'est d'après ce tombeau, de nos jours fort élevé au-dessus de la tête des passants, que
l'on peut juger combien on a surbaissé la route, puisqu'il était anciennement au niveau du chemin.

Couvrez-vous bien vite maintenant, et prenez votre air le plus
grinchu. Ne voyez-vous pas les douaniers qui vous arrêtent et font
mine de vouloir effondrer vos valises ? Ne vous effrayez pas :
ils vont devenir serviles jusqu'à l'ignominie. Tant plus vous serez
dédaigneux, tant plus ils se feront petits. Regardez cette main qui
se présente :

— *Una piccola moneta !*

Donnez vite et achetez la liberté de passer au prix de deux ou
trois carlins.

A présent déridez-vous, souriez, dansez, chantez ! vous êtes à Naples ! Naples se profile devant nous. Voici la mer à notre droite ! A notre gauche, le blanc quartier de *Pizzo-Falçone*, étagé sur des hauteurs ! Voici que nous foulons les dalles *du quai de la Mergellina*. Ici, à droite encore, *Eglise de Piedigrotta*; là, à gauche, long rideau des palais qui bordent les quais, en face du golfe. Là bas, ligne du *Corso de la Chiaja*; entre la Chiaja et la grève du rivage, avenue fleurie du jardin charmant de la *Villa Reale*; et puis *Quais de Vittoria, de Chiatamone*; et puis, *Château de l'Œuf*, plongeant dans les vagues, ainsi qu'un navire armé en guerre, et puis *quai de Sancta-Lucia*, et enfin *de la Marinella*.

Attention ! le spectacle commence...

Sur la Mergellina, quartier des pêcheurs, parmi des monceaux de pastèques, appelés ici *cocomero*, de melons d'eau, de concombres, — des pyramides d'oranges, de limons, de citrons, de montagnes de raisins noirs et blancs, de tables chargées de poissons de toutes sortes, — paysans, mouchoir au front en guise de turban, chemise laissant à découvert une poitrine plus ou moins velue, culotte de toile blanche s'arrêtant aux genoux, jambes nues, pieds nus, bras nus, tempêtant, maugréant, braillant, piaillant, débarassant leurs ânes des fruits, des légumes, ou de la marée entassés sur les bâts, — nombreuses matrones napolitaines, dégingandées, visage de grenadier au retour d'une longue campagne sous l'équateur, têtes nues, cheveux au vent, crânes à moitié pelés, les poings sur des hanches sans crinolines, hurlant leurs denrées, criant, aboyant, gesticulant comme les télégraphes d'autrefois; — sur les portes, femmes débraillées épeluchant, au soleil, les crins de leurs enfants pour en purger les taillis des hôtes incommodes qui y élisent domicile ; — jeunes filles se peignant indolemment et disposant avec le plus de coquetterie possible le sommet de leur édifice humain sans s'occuper de l'aménagement des étages inférieurs, voilà pour la Mergellina. Encore faut-il semer ce premier coup-d'œil de frères quêteurs, la besace au dos, la tabatière à la main, offrant à droite et à gauche la poudre précieuse qui doit servir de talisman et faire ouvrir les bourses, donnant-donnant ; — de mendiants, en quel costume, Seigneur ! oh ! Callot, Callot, que n'es-tu donc là avec tes crayons !... de mendiants, exhibant de fausses blessures, se plaignant de douleurs problématiques, et racontant des accidents apocryphes ; — de bateleurs faisant des tours de gobelet et poussant l'adresse de l'escamotage jusqu'à vous prendre votre bourse en vous tournant le dos ; — de soldats retroussant leurs moustaches et se drapant dans leur justaucorps de... coton bleu ; — et enfin de forçats, oui, de forçats, vêtus et coiffés de jaune les uns, ce sont les voleurs ; de rouge les autres, la couleur du sang, ce sont les assassins, et on les estime dans le pays, ces *bravi*, note bien, Aglaë ! Or causant, fumant, batifolant, riant, disant le bon mot et faisant le calembourg, ces drôles balaient les dalles, suivis à distance par quelques gardes suisses qui ferment les yeux au soleil, en reposant leurs loisirs sur la baïonnette d'un fusil, en vérité bien trop lourd par une telle chaleur.

Mais voici la Chiaja : — prononce Kiaïa. — Avançons. Ici, palais et grands hôtels : Palais du Prince de Salerne ; palais de celui-ci, palais de celui-là... Hôtel de la Grande-Bretagne, Hôtel de l'Univers, Hôtel Vittoria, Hôtel Crocelle, Hôtel Bellevue, Hôtel des Étrangers. Comment n'aurait-on pas mis là les plus riches palais et les plus somptueux hôtels, quand de ce point merveilleux on découvre toutes les splendeurs du golfe, et quand, entre le flot de la grève qui murmure et le bruit de la rue qui montre, le soir, ses ébouriffantes toilettes de gala, se trouve un éden délicieux en vérité, la longue et verte émeraude appelée Villa-Reale ? Les équipages attendent dans la rue, mais sous les épais ombrages de la Villa-Reale se font, le matin, les promenades sentimentales de grandes et sèches ladies et de pâles et blondes misses qui écoutent causer la vague. Pour attraper quelques schelings, au lieu de guinées qu'il espère toujours, *Poltruccio*, coiffé du feutre mou, relevé en cornes à la façon du chapeau de Pierrot, son sosie de France, fait grimaces et gambades, tout en hurlant *la Carolina* et en s'accompagnant du tambour de basque. Il est flanqué de deux instrumentistes qui s'escriment à qui mieux-mieux sur les cordes de leur violon et de leur mandoline. Un peu plus loin, de Vittoria à Chiatamone, des musiciens des Abruzzes soufflent dans leur *zampogna* et dans leurs clarinettes à se faire jaillir les yeux de la tête, les malheureux ! Enfin, dans un coin et sous les fenêtres d'une vieille duègne qui veut se rappeler ses beaux jours, de jeunes Calabrais et des Calabraises, aux pittoresques vêtements, dansent l'ébouriffante tarentelle dont je ne me charge pas de t'expliquer les prestes mouvements, les étranges provocations, et l'étourdissante agilité.

Sur le quai ou la rivière de Chiaja, — on appelle rivière, rivière de Gênes, rivière de Chiaja, la partie la plus voisine de l'eau, — la *Strada di Chiaja* commence, en faisant un angle droit avec le quai, et gravissant la colline qui fait face au golfe, dans un parcours tortueux d'abord, puis direct ensuite, se glisse à travers une foule de carrefours vers la place du château et va se jeter dans la grande Strada di Toledo. C'est dans l'angle formé par les deux quais de Chiaja et de Vittoria, et la rue de Chiaja, que se trouvent les

plus fameux marchands de coraux, dont Naples fait un commerce
spécial.

A Vittoria et à Chiatamone, le quai se permet d'étranges zig-
zags : il a tout au plus une largeur suffisante pour permettre à deux
voitures de ne pas se heurter. Le Castello de l'Ovo, demeure des
forçats, est bien un peu cause de ses irrégularités ; mais ne lui
cherchons pas querelle : il est de taille à nous répondre, il
compte plus de cent gueules.... de canon qui s'ouvrent pour vous
dévorer.

Respirons largement, car arrive le *quai de Sancta Lucia*, prononce Santa-Loutchia. A la bonne heure ! il y a de l'air et du soleil
ici, et voici un quai comme on les aime, large, joyeux, animé, populaire, turbulent même, et par fois orageux. J'ai raison de dire
orageux, car c'est bien le tonnerre qui y gronde en ce moment ?
Non, pas le moins du monde : c'est tout simplement une décharge
successive de 250 boîtes, mises en rang, devant l'Eglise *Santa-
Maria-della-Catena*, et que l'on tire en l'honneur de quelque saint
dont on célèbre la fête. Quel vacarme ! Comment les chevaux qui
passent au beau milieu de cette pétarade ne s'effraient-ils pas au
point de prendre le mors aux dents ? En vérité, un cheval de nos
fiacres de Paris, les braves bêtes ! ne résisterait pas à ces explosions formidables, et les chevaux de Naples, pleins de verve et de
feu, comme leurs maîtres, n'ont pas même l'air de s'apercevoir
que la bourre des boîtes leur brûle le ventre. Ils ne font pas le plus
petit écart, tant est grande la force de l'habitude ! Il paraît que
c'est vingt fois par jour que, tantôt devant une église, tantôt devant une autre, les saints reçoivent de ces aubades tonnantes. Du
reste, voici qu'on prépare en l'honneur du même patron une illu-

mination qui promet un éclat éblouissant, et un reu d'artifice
auquel rien ne manquera. C'est là, nous dit-on, l'un des grands
bonheurs de la population napolitaine, et la plus *forte* expression
de sa piété.

A Santa-Lucia, nous sommes sur le quai des vendeurs de
Frutti di Mare, des fruits de mer. Tout Naples peut se montrer à
!on imagination, ma chère cousine, rien que par ce quartier, l'un
!es plus animés de cette bruyante cité. Le quai est large, mais
eu long, et cependant que de choses ! N'est-elle pas appétissante
ette marchandise qui se présente sur 200 tables en plan incliné,
τenfermée dans de petites corbeilles plates garnies d'algues mari-
nes ? Ce sont les huitres de Fusaro, le *cano lichio*, la truffe dans
sa coquille blanche, le *vengolo*, la *patella reale*, etc. A côté de cette
écaillère bouffie, un vieux petit homme a établi un fourneau en
terre et fait cuire des polypes, délices du lazzarone, qui aime les
polypes à l'égal du macaroni.

— *Alici ! Alici !* crient cent voix de pêcheurs réunis de tous les
points du rivage.

Et le peuple et les bourgeois s'empressent autour de ces bonti-
ques approvisionnées de petites sardines fraîches et sans écailles
que chacun emporte dans des cornets de papier.

Je te fais grâce des autres produits de la mer, d'autant plus vo-
ontiers que, si j'aime le quai de Santa-Lucia, ce n'est point à
:ause de ses frutti di mare, dont l'aspect visqueux me révolte.
Regarde, à cette heure, la belle fontaine en marbre qui décore le
milieu du quai : mais, hélas ! n'y cherche pas l'eau fraîche qui
pourrait te désaltérer. Cette fontaine, ce gracieux monument, dé-

coré de bas-reliefs et de statues, est sans eau ! Elle ressemble à certains êtres aux gracieux visages, qui n'ont pas d'âme. D'ailleurs, tu serais avec moi et tu voudrais boire, qu'alors je te dirais :

— Descends cet escalier qui s'achemine vers la grève de mer ; mais au lieu d'aller au rivage, pénètre sous le quai creusé en souterrain ; là, pour un grain, — quatre centimes, — on te donnera un grand verre d'eau minérale fort salutaire, et dont les Napolitains font grand cas, à en juger par la longue procession de passants qui vont s'y rafraîchir, surtout le dimanche.

Mais j'aimerais encore mieux te conduire à un *acquajolo*. On appelle acquajolo un marchand d'eau. Rien n'est plus brillant que son étalage. Sur quatre colonnes dorés s'élève un espèce de dôme en cuivre, décoré de branchages et de banderolles de toutes les couleurs. Le dôme abrite l'image de la Madone entourée de nombreuses statuettes de Saints et tenant entre ses bras le divin *Bambino*. Le reste de l'étalage exibe des citrons de toutes les grosseurs, des oranges de Nocera, des limons de Sorrente, des mandarines de Palerme, et, rangés avec ordre, des gobelets de cristal, des bocaux de fruits, et des flacons d'*Aqua di Sambucco*. Voulez-vous de l'eau pure ? Un grain. Désirez-vous qu'on exprime le jus d'un limon, d'une orange ou d'un citron dans l'eau crue ? Deux grains. Préférez-vous de l'eau de Sambucco, eau d'anis tout simplement ? Un grain. Tu vois qu'on se désaltère très-agréablement à peu de frais. Dans les strades populeuses il y a des acquajoli à chaque coin de rue ; dans les quartiers moins animés, on en compte toujours quelques-uns.

Avez-vous faim ? Allez au marchand de *ravioli*. C'est un petit pain croustillant et délicieux.

Aux vendeurs de frutti di mare, d'acquajolo, de ravioli, et de fruits de tous les climats, si tu joins les acheteurs, les flaneurs et les buveurs d'eau minérale, les lazzaroni qui, sans vergogne, et dans l'état où Adam fut créé, se jettent à l'eau et prennent leurs ébats sur le rivage, ainsi qu'une multitude de petits drôles qui font l'école buissonnière, et ils n'en ont pas d'autres à faire, tu auras nécessairement une foule considérable réunie sur le *Largo di Sancta Lucia.* Mais comme tout ce monde s'agite, crie, hurle et semble toujours en fureur ! C'est à être assourdi et à porter les mains aux oreilles pour en préserver le tympan. Dans l'après-midi, à Santa-Lucia, le bruit augmente et ne cesse plus. C'est un brouhaha qui n'a ni commencement ni fin. On croit que la nuit venue, le calme se fera. Ah bien oui ! Le vacarme augmente de tous les paresseux du quartier. Personne ne parle : toute cette multitude beugle. Les hurlements ne suffisant pas pour se faire entendre, on y ajoute la pantomime. Il n'est pas au monde de peuple plus tapageur. Il vit dans la rue : la rue est à lui, elle lui appartient, c'est son domaine. C'est là qu'il s'amuse, c'est là qu'il discute, c'est là qu'il fait ses affaires. La rue est son salon, sa bourse, sa cuisine, sa salle à manger. Il est chez lui et reçoit ceux qui veulent lui parler, le cherchent. On en voit qui s'abordent l'œil en feu, le poing en l'air, la fureur sur le front : on croit qu'ils vont se heurter, se battre, s'entrassassiner. Point. Ils se donnent la main : l'affaire est conclue, le marché terminé. Toute cette canaille dépenaillée, buvant, mangeant, hurlant, gesticulant, porte sa saleté et ses souquenilles aussi galment que le roi sa couronne. C'est à rester stupéfait en face d'un tableau digne des truands de la Cour des Miracles.

Tu crois que nous sommes arrivés au plus haut degré de l'excen-

Naples.   5

tricité dans cette peinture du Largo Santa-Lucia ? Pas le moins du
monde. Ici c'est toujours de plus fort en plus fort. Aussi, après
que je t'aurai dit que sur ce quai, d'une physionomie si originale,
il est un hôtel du premier ordre, l'Hôtel-de-Rome, qui, par exception, est construit du côté de la mer, dont les eaux pures baignent
le pied de sa belle terrasse, tu me laisseras y choisir un appartement bien situé. Après quoi, je te conduirai au cœur de Naples.

Donc, ma bonne mère installée dans le plus délicieux retiro, je
suis tout à toi. Cheminons, ma toute belle.

D'abord, apprends que les rues ont ici des noms que je dois te
définir. Les plus larges de ces rues s'appellent *Strada*. On donne
celui de *Via* ou de *Rua*, mot provenant du français, alors que nos
princes de la Maison d'Anjou occupaient la Campanie, aux voies de
moyenne grandeur ; mais on nomme *Vico* toutes celles qui aboutissent à une artère principale ; *Vicolo* les ruelles, et *Sotto-Portico*
les rues qui passent sous des portiques. Une rue monte-t-elle ? on
la désigne sous le nom de *Salita*, quand elle conduit hors de la
ville ; et *Calata*, quand elle fait partie de la vieille cité, à l'orient,
vers le port. Si ces rues sont formées d'escaliers, alors elles prennent la désignation de *Gradoni*. Enfin, les places ne sont plus
appelées Piazza, comme dans le reste de l'Italie, mais *Largo*, à
cause du large espace qu'elles occupent en avant d'un monument
quelconque. Ce fut seulement en 1792, que l'on donna des appella-
tions propres à chaque rue et que l'on numérota les maisons. Le
pavé se compose de larges dalles volaniques sur lesquelles roulent
à merveille les carrioli et les calessine, mais qui menaceraient de
tuer vingt fois par jour les pauvres chevaux, s'ils n'avaient pas
un pied tellement sûr qu'il est rare de les voir tomber

Saluons, en passant, la petite *Eglise de Santa-Lucia*, qui donne son nom à notre quai, et qui est assise côte à côte avec l'Hôtel-de-Rome. Après elle, vient immédiatement *l'Arsenal de l'Artillerie*, dont on peut voir les marins faire dignement sentinelle à la porte Admire aussi cette autre *fontaine* de marbre, placée dans l'angle de l'équerre que forme le quai. C'est la plus belle de Naples. Trois satyres portent sur leurs têtes une grande conque dans laquelle se pavane Neptune, appuyé sur son trident. La vasque immense qui reçoit ce groupe est ornée de figures de Tritons, de Néréides et de Dauphins dont la bouche est constamment altérée ? Pas la plus petite goutte d'eau !

A partir de l'arsenal, dont on domine les cours basses remplies de canons, le quai est interrompu jusqu'au-delà du Mole, et on cesse de longer le golfe. Mais, de la terrasse qu'il offre au passant pour se diriger vers la place du Palais-du-Roi, on peut voir l'ensemble de vingt obstacles qui cause cette interruption. C'est, en premier lieu, le *Palais-du-Roi*, vaste quadrilatère, percé de mille fenêtres à persiennes vertes, et, du côté de la mer possédant des plates formes, chargées de fleurs, d'arbustes exotiques et d'orangers. La demeure royale domine *l'Arsenal*, *les Casernes*, la *Darse*, les *Parcs d'Artillerie* , le *Port Militaire* et le golfe. C'est ensuite, à l'est, le *Castel-Nuovo*, image de notre Bastille, *le Môle*, masse énorme de pierres qui avance dans la mer et sert au débarquement; *le Port marchand* et, enfin, la *Marinella*, qui redevient quai.

Pour le moment, prenons à gauche et pénétrons sur le *Largo di Palazzo Reale*. Cette place est immense. Une des façades du palais, avec un riche et somptueux balcon, la décore d'un côté; de l'autre, elle montre à l'œil une ample rotonde dont l'entablement est soutenu par dix colonnes ioniques de quarante-huit pieds de hauteur. De chaque côté de cet édifice, s'étend, en éventail, un portique en forme d'hémicicle, composé de quarante-quatre colonnes de basalte. C'est la *Basilica di San Francesco di Paola*. Sa fondation est due à l'accomplissement d'un vœu que fit Ferdinand I, lors de la domination française de notre Napoléon I.

En avant de l'église s'élèvent deux statues équestres colossales, en bronze, représentant Charles III, le grand roi de Naples, et Frédéric I. Les deux chevaux et la statue de Charles III sont de *Canova*, *Cali* est l'auteur de la seconde statue.

Lorsqu'on a traversé ce largo reale, on voit, attenant à la troisième façade du palais du roi, un édifice grandiose qui se détache de la masse principale et avance considérablement. C'est le fameux *théâtre de San-Carlo*, réuni au palais, et l'un des plus grands et des plus somptueux de l'Europe.

Mais laissons sur notre droite le palais et le théâtre : pénétrons dans cette rue fort belle et longue d'une demi-lieue, qui fait face. C'est la *Strada di Toledo*, la rue de Tolède, la plus belle, la plus riche et la plus grande de Naples, celle qui sert de Corso à l'époque du carnaval. Sous la domination espagnole, de 1532 à 1554, le vice-roi d'Espagne, l'illustre don Pèdre de Tolède, combla les fossés de la ville ancienne, et, sur l'emplacement des fortifications construites par nos princes d'Anjou, éleva cette voie opulente qui occupa dès-lors le milieu entre la vieille ville, à l'orient du golfe, et la nouvelle cité qui se forme au couchant, au-dessous et dans le pourtour du château Saint-Elme, et dans le voisinage du château de l'Œuf. Comme toutes les belles rues des grandes villes, elle est bordée de trottoirs, pavée de dalles, bordée de riches boutiques, fournie de bon nombre *d'osterie* et de *trattorie* pavoisée d'images de la Vierge peintes sur d'immenses banderoles flottant au travers de la rue, montrant à toutes ses fenêtres des têtes curieuses, agaçantes, et sillonnée par une multitude disparate, diaprée, excentrique, dans laquelle on reconnaît surtout l'élément napolitain, c'est-à-dire ces fils de Parthénope, ces tapageurs descendants des Grecs, cette engeance si hardie, si vive, si spirituelle, si mobile, si apte à tout, et si pleine d'entregent que c'est à se mettre en colère, comme Juvénal, lorsque sa langue se délie, qu'elle vous assiége de ses lazzis, et vous suffoque de ses offres de service. Je défie l'imagination la plus audacieuse et la plus éveillée de se représenter le tohu-bohu qui règne dans cette rue.

A Tolédo, le tumulte se produit dans toute sa frénésie : c'est un pêle-mêle que rien ne représente. Des moines de toutes couleurs sillonnent les habits noirs, s'agitent parmi les plumes des duchesses ; le casque du soldat étincelle entre les brunes chevelures des femmes du peuple ; de très-petits abbés au manteau de soie, soulevé par la brise et en tricorne posé sur l'oreille, frôlent les longues tuniques grecques des filles de Procida ; des files de lazzaroni glissent à côté des soutanes rouges du cardinal évêque et des robes violettes de ses vicaires ; des élèves de pension, au frac noire, et coiffés du chapeau à claque, se croisent avec les bataillons de petites écolières qui s'avancent en procession et chantent des cantiques qui vous font dresser les oreilles et frémir ; des habits rouges de fantassins suisses et des habits bleus de soldats napolitains produisent, dans la foule bigarrée, l'effet de coquelicots et de bluets dans les blés de la plaine ; des enfants déguenillés passent entre vos jambes et se dressent devant vous pour vous tendre la main ; des poules, oui, des poules, sautent d'une fenêtre sur votre épaule dont elles font un perchoir ; des porcs, oui, des porcs, mais de jolis porcs, au poil fin et gris souris, se frottent contre vos molets en gagnant le vicolo voisin ; des femmes hideuses, dont quelques cheveux gris ont peine à voiler la laideur, s'accrochent à votre bras pour obtenir votre aumône. Pendant qu'un grenadier de la garde royale, en haut bonnet à poil, trop empressé, vous coudoie d'un côté, et vous fait tourner sur vous-même, de l'autre, un maçon, qui descend de son échafaud, pose son emprunte sur votre paletot vert-russe. Ici, on sort d'une église, et la cataracte vivante vous engloutit dans ses flots. Là, on se précipite dans le *Mercato di Montoliveto*, et la marée humaine vous entraîne malgré vous au pied de la statue en bronze du roi Charles II. Ensuite paraît une estafette emplumée qui galoppe sur un grand diable de mulet ; la bête vous serre de si près que tout son poil change votre manche en une fourrure épaisse. Gare ! voici le plus déterminé corricolo qui trace un sillon dans cet océan de corps : au lieu d'aller au pas, il presse le galop de sa haquenée à grands coups de fouet, dont vous évitez difficilement les entrechats. Attention ! ce n'est plus un corricolo, mais une berline attelée de quatre chevaux empanachés qui descend du *Museo Borbonico*, et qui écarte violemment la foule sans s'occuper des accrocs. Quel est cet horrible cri, poussé avec rage et, qu'en vingt endroits déjà j'ai entendu, non sans frissonner ?

Hian ! Hian ! Hian !

De quelle voix gutturale étranglée peut-il provenir ? De la gorge d'un ânier qui chasse devant lui dix baudets chargés de montagnes de légumes. Est-ce donc là un cri humain ? Jamais encore aussi horrible exclamation n'a brisé mon tympan ! En vérité, je ne me trompe pas, voici bien un forçat vêtu de rouge, un assassin.

noblement assis dans une calèche, et fumant gravement son ci-
gare, pendant qu'un soldat, le fusil en bandoulière, se tient debout derrière la voiture, comme un valet de pied. Est-il possible
que mes yeux ne subissent pas une hallucination ? Mais non.
D'autres forçats, là, sur les marches de la *Chiesa di Jesu nuovo*,
folâtrent, causent avec les marchandes de ravioli, boivent de
l'aquajolo, mêlent leurs bonnets jaunes et rouges aux longues
nattes noires des jeunes filles, et jamais habitant du bagne et
gens privés de leur honneur et de leur liberté n'ont paru plus indif-
férents à leur sort, que dis-je? plus joyeux et plus satisfaits d'eux-
mêmes. Cette fois, c'est bien une révolution qui éclate à Naples;
écoute? Quel bruit de bombes ! Est-ce la fusillade qui commence ?
Quel carillon de cloches ! Serait-ce le tocsin ? Quel roulement de
tambours ? Bat-on la générale ? Et quelles explosions de voix !
Assurément la guerre civile, une émeute éclate ici ou là ? Nulle
ment. C'est la fête de Santo Ludovico, et, au salut dans cette
église, la musique au dedans, au dehors les boîtes, en haut les
cloches, en bas les fidèles, célèbrent à leur façon, et chacun dans
son genre, la gloire du bienheureux. Oh ! silence... Voici l'enter-
rement d'une jeune fille, avec la blanche bannière de la Vierge
voilée du crêpe de deuil, et de longs rangs de pénitents noirs,
bleus, blancs, le visage masqué, le capuchon sur la tête, et sur
les épaules de ces derniers, le cercueil porté sur une estrade chargée de fleurs. Mais le cercueil n'est pas fermé : au contraire, la
victime de la mort est là, sortant à moitié de sa bière, comme si
elle voulait rentrer dans la vie et ses agitations. Regarde comme
ses longs cheveux débordent en boucles épaisses, comme son visage paraît encore animé. Quoi ! on lui a mis du fard pour rendre
ses joues vermeilles ? Que n'a-t-on ouvert aussi les yeux pour
mieux rappeler l'existence? Cela fait mal de parer ainsi la mort,

cette pâle fiancée d'un cadavre que l'âme a déserté !... Quelle leçon pour les jeunes filles qui entourent le cercueil et en tiennent, presque en riant, les longs rubans immaculés !

Voilà, ma chère cousine, la rapide esquisse d'une heure passée dans la foule, sur la Strada di Toledo.

Enfonçons-nous maintenant dans l'inextricable dédale de la ville basse, de la Cité plébéienne. Là, c'est bien un autre méli-mélo. Suis-moi, sans frissonner, et aspire les sels de ton flacon, quand le dégoût te prendra au cœur ou que ton cerveau se croira le jouet d'un songe odieux.

Dans ces strades ou vicoli du vieux Naples, étroites, serrées, anguleuses, tatouées de carrefours, de murs verdâtres, lézardés, en ruines ; portant aux fenêtres des lambeaux sans noms effrontément étalés ; drapant en guise d'auvents, de tentes ou de jalousies d'immenses pièces d'étoffes rayées de toutes les couleurs ; sans trottoirs, sans refuges d'aucune sorte pour le piéton, le peuple laborieux s'est emparé de la rue, le seul endroit où il se trouve à l'aise. Là, plus de berline, ni de calèches, ni d'estafettes à cheval ou à mulet, mais des corricoli sans nombre, mais des voiturins, mais des charrettes, mais des âniers et leurs ânes, mais des bouviers et leurs bœufs. Alors, d'une part, au beau milieu du chemin s'étale le serrurier avec son enclume, sa forge, ses marteaux, ses pinces et le fer qu'il travaille au risque de vous incendier ; de l'autre, le menuisier couvre l'espace de ses établis, de ses planches, de ses rabots et de ses varlopes ; le cordonnier tient gravement ses assises en avant de sa porte et donne ses audiences aux moines et aux servantes, entouré des apprentis qui forment sa cour ; l'épicier renferme toute sa boutique dans des caisses et des sacs qu'il écha-

faude sur la devanture de sa maison ; le perruquier place son chaland sous le plus beau rayon du soleil et fait fondre la neige de
savon dont il charge la figure de sa victime sous les larges coupes
de son rasoir ; le pâtissier dresse des tables à l'ombre et les couvre
de pyramides de gâteaux de toutes formes, en un mot tous les
corps d'état, jouissant des mêmes droits, profitent des mêmes
avantages. Voilà pour l'œil. Pour l'oreille à cette heure : le ferron-
nier fait grincer sa lime sur l'acier, ses aides battent l'enclume à
coups redoublés ; les marteaux des ouvriers en bois retentissent
sans relâche ; le savetier chante à gorge déployée, et son entourage
fait chorus ; le barbier raconte, et de quelle voix, et avec quels
gestes ! Cent fois le nez du patient se trouve exposé à de furieuses
estafilades ! Le boulanger crie son pain chaud ; des porteurs de
Pizze, galettes aux pommes d'amour, poivrées, pimentées à faire
tomber un sauvage dans d'horribles convulsions, beuglent pour
demander place, mais surtout pour appeler les amateurs qui sont
nombreux. Enfin les bouchers, portant sur leurs têtes une moitié
de bœuf, l'un, l'autre un veau dépouillé, un troisième un mouton
sanglant à faire peur, s'avancent en braillant. Celui-ci tient à sa
main le billot rouge de sang, celui-là les instruments du sacrifice.
Si on les arrête, en pleine rue, l'étal et le débit de la marchandise
se font à grande volée de couperet. Puis voici le friturier qui fait
siffler son huile bouillante en plongeant un merlan dans sa poêle.
Sa rude voix convie aux délices de sa cuisine ambulante, et on
s'empresse autour de lui. Alors une odeur nauséabonde se répand
dans la rue, le vent la promène, vous la pousse dans le nez, en
imprègne vos vêtements de telle sorte que, le lendemain encore,
vos amis peuvent soupçonner votre goût peu délicat pour les repas
en plein air. C'est un spectacle et un concert indescriptibles.
Avec cela les femmes allument leurs fourneaux, en appelant à

grands cris leurs moutards, pour leur donner le biouet qu'elles préparent ; des groupes de matrones se forment : elles parlent, oh ! non, elles mugissent, elles rugissent à vous faire sauver au loin. Comprends-tu l'effet du tableau ? Mille têtes remuent, mille corps grouillent, mille voix tonnent dans un rinfórzando inimaginable : c'est un formidable imbroglio de gens et de choses.

Gare ! gare ! Voici des ânes !... L'âne joue un grand rôle à Naples. Voici des ânes qui courent au triple galop pour aller emplir leurs barils à la fontaine la plus proche. Un gamin, à califourchon sur le derrière de l'un d'eux, accélère encore leur rapidité à grands coups d'étrivières. Tant pis pour vous s'ils vous écrasent les pieds ou vous meurtrissent les flancs. Gare ! gare encore ! Ce sont un, deux, trois carricoli, avec leurs pyramides humaines, qui font un joyeux et brillant *Corso* tout au travers de cette mer d'hommes, de femmes et de denrées. Ne vous plaignez pas si vous avez une côte enfoncée, ou une épaule luxée ; pas un agent de la police ne se présentera pour vous faire rendre justice. Gare ! gare toujours ! Cette fois c'est une bande de bœufs... Sauve qui peut !

Jette sur cet assemblage des mères allaitant leurs enfants, agenouillées en groupes sordides ; des moines, des moines toujours, gris, blancs, noirs, baisbrun ; en chapeaux, en calottes, la tête rasée ; la ceinture de cuir ou la corde aux reins, qui vont, viennent, causent, prêchent à mi-voix, donnent leurs conseils, répondent aux questions, et tu te représenteras vaguement la physionomie de cette ville et de ce peuple, unique au monde, assurément.

Tu crois que j'en ai fini avec ce vacarme infernal, et ces rues criardes et tapageuses, avec ce tumulte de carrefours et places ?

Non, ma chère. Et la *Strada del Porto*? Tu ne sais donc pas que
c'est la pièce curieuse de Naples? Sans la Strada del Porto, tu
n'as rien vu à Naples. C'est par elle que le touriste commence ses
excursions : c'est dans cette rue que le philosophe vient chercher
des émotions; à peine débotté, le voyageur accourt à la Strada del
Porto. Les empereurs, les rois, les boyards, les caciques, les princes de tous les pays ne manquent jamais de lui rendre visite. Et
pour eux, comme pour le duc de Brabant, l'autre jour, le premier
soin est d'endosser un vêtement mystérieux et de venir... non pas
souper à la Strada del Porto, mais étudier sa physionomie, ses
mœurs, ses usages, ses habitants... Donc, en avant! à la Strada
del Porto!

Nous sommes dans la ville basse, dans le vieux Naples : nous
n'avons qu'à descendre vers la mer, car la rue du Port naturelle-
ment aboutit à la mer. Elle aboutit au Môle et met en communi-
cation le Môle, le Castello Nuovo et le quai de la Marinella avec la
fameuse place du Marché, *Largo del Mercato*, où le Lazzarone
Masaniello fit sa terrible révolution contre les Espagnols et leur
tyrannie, où l'infortuné eut la tête tranchée après quelques jours
de triomple, où Conradin et Frédéric de Bade furent décapités, etc.
Pour nous y rendre nous passons devant bon nombre d'églises fort
curieuses à connaître, c'est vrai; voici même la cathédrale, *San
Gennaro*, saint Janvier, le grand ami du Napolitain, mais ce n'est
pas le moment de la visiter. L'ombre du soir tombe, la nuit vient,
nous arriverons à la Strada del Porto pour l'heure favorable, celle
du repas du peuple. Tu t'occupes de cette litière qui passe et dont
la dorure t'éblouit, n'est-ce pas? Tu admires surtout la belle dame
aux riches atours qui se fait porter ainsi par deux lazzaroni? Tu te
figures peut-être que c'est la reine qui se promène incognito ou qui
fait de la popularité? Détrompe-toi : cette litière est un véhicule

de louage, et renferme tout bonnement une sage-femme qui va porter au baptême un nouveau-né.

Bien ! A présent ce sont toutes ces boutiques que l'on rencontre à chaque pas, dans Naples, qui t'occupent. Tu te demandes ce que signifient tous ces numéros gigantesques, imprimés en noir, en couleur, voire même en or, sur de larges pancartes, et qui mouchettent la devanture du magasin? Un bureau de loterie, une *Reali Lotti*, comme ils disent, rien que ça. Ici, la loterie est autorisée, recommandée. Plus tu y prendras de billets, plus tu feras plaisir au gouvernement : car, tant plus tu perdras d'argent, tant plus il en gagnera. Aussi la ville regorge de bureaux de loterie : chaque rue en compte deux ou trois; et le peuple donne dans le piége, il faut voir ! Pour un gagnant, dix perdants. C'est égal, personne ne se décourage ; la vieille matrone édentée jette son dernier carlin dans la gueule du monstre, et l'indigent y porte ses quelques grains. D'ailleurs les hypocrites n'appellent-ils pas la religion à leur secours, en étalant dans leur infâme maison de jeu l'image de la Vierge avec un brillant luminaire? Dès-lors, comment ce jeu serait-il une duperie ? Et quand d'un bureau sort un numéro qui a fait gagner piastres et ducats à un pauvre diable, il faut voir comme on convertit le bureau en chapelle ardente, avec courtines d'or, draperies de velours et dentelles, le tout en l'honneur de Marie ! Enfin, pour leurrer ce peuple, regarde toutes ces amorces qu'on expose à ses yeux et devine l'emploi des ficelles. Au n° 740, on a joint cette légende : *Biglietto per gli amici*, billet ou numéro pour les amis! Au n° 2492, *Constanzza si vuole.* Soyez constant pour ce chiffre, et vous m'en donnerez des nouvelles ! — Traduction libre. — Au n° 82, *Il buono*, voilà le bon ! Et à ce n° 24, écrit en or, enrubanné, doré, mordoré, encadré, couronné, ce mot magique : *Il fulminanti*, le fulminant ! Celui qui fera sauter la barque du roi !

Encore ? Te voilà retenue par cette tourbe de gens qui s'ébaudissent autour de ces voitures ? Mais c'est la fille d'un pêcheur qui se marie. Il lui a fallu des équipages ! C'est bien le moins , une fois dans sa vie ! Vois un peu ; les chevaux sont parés d'aigrettes , de rubans , de houppes rouges et blanches, de tresses d'or et d'argent qui chatoient. Et ces grappes de grelots, comme elles teintent ! Et ces plumes de vautour , comme elles frémissent sous le vent du soir ! Et les voitures , comme elles font sonner les dalles en s'éloignant ! On court au festin, à la danse, à la joie ; et demain, l'époux sera nu dans sa barque , et la femme n'aura peut-être plus de bas aux pieds...

Voici la Strada del Porto ! prépare-toi au vertige. Elle est longue, elle est large, elle est haute, mais elle ne suffit pas au peuple qui la remplit du faîte des plate-formes aux dalles de la chaussée. Dix mille têtes aux fenêtres, sans compter les guenilles qui se balancent au vent, comme des drapeaux aux hampes ; sans compter les tendines foncées, ternies , trouées, qui les décorent ainsi que les balcons ; sans compter les madones peintes sur soie que la brise fait flotter ; sans compter les toiles qui recouvrent les évantaires et les étalages obstruant la Strada ; dix mille poitrines beuglant dans l'espace , et vingt mille pieds pataugeant dans le fumier qui parsème le sol. Ici, un effort d'imagination pour bien saisir ce tableau. Pas un pouce de terrain qui ne soit livré aux marchands et à la populace qui les entoure. D'abord essaie de respirer dans la fumée, car ce n'est plus une rue seulement, cette Strada, c'est un vaste restaurant. Ce n'est pas seulement une cuisine, c'est une cheminée pélasgique, un laboratoire de l'enfer, un incompréhensible fourneau où le bois fume sur la dalle, où le charbon brûle entre les pierres, où la friture siffle, où la marmite bouillonne, où les casseroles mijotent et cuisent un ragoût sans nom, une taverne où l'on boit, où l'on mange, où l'on... Peste! comme dit M. Valmer; que n'y fait-on pas? Voici des hommes, et quels hommes! Des femmes, et quelles femmes! Des filles! Des enfants, des porcs, de ces porcs dodus au poil si lisse, dont je t'ai parlé, des vaches, des chevaux, des ânes, des chiens, des poules, des canards, et, avec toute cette ménagerie, des curieux, Anglais, Français, Allemands, Espagnols, des touristes de toutes les parties du monde, qui se démènent comme ils peuvent au milieu de cette horrible fumée, à la lueur de lampions rougeâtres, de lampes graisseuses; qui trébuchent parmi des monceaux de poissons visqueux, d'énormes concombres, de courges, de légumes de toutes les espèces; qui se bouchent le nez et se voilent la face en regard de pyramides de pieds de mouton, de fraises de veau, de foies de bœuf rouges, et qui le pied glissant, s'alongent quelquefois sur des couches de détritus impurs soulevant le cœur. Quelles clameurs aigues! quelles vociférations étourdissantes! quel remue-ménage inimaginable! Vraiment, c'est une scène de sabbat.

Approchons-nous de cette cuisine : Regarde cette main de femme rouge comme la patte d'un homard : elle harponne je ne sais quel mets dans la mer d'huile bouillant devant elle et le livre au consommateur, avide de le savourer du gosier comme il le dévore de l'œil. Ce sont des cuves de fonte que cet homme a devant lui : des nuages de vapeurs s'en exhalent; un bâton fumant est couché sur l'orifice du gouffre béant. Un chaland se présente : l'homme plonge le bâton dans l'abîme gluant et en retire de grands filaments jaunes qui arrivent au-dehors à califourchon. On arrose aussitôt la marchandise brûlante d'un jus couleur de brique. C'est du macaroni qui est ainsi livré à l'appétit d'un lazzarone. Celui-ci consomme alors sa pitance sur place. Quel ingrédient peut donc renfermer cette marmite énorme posée à terre et sous laquelle flamboient des bûches de pin ? L'amateur est arrivé, voyons. Une fourchette, digne de Gargantua, comme la marmite, s'enfonce dans le récipient qui murmure et chuchotte : on en tire une peau cartilagineuse que l'on jette sur une table de marbre. S'alonge un couteau, vrai frère de la fourchette : l'acier est trop long à couper, car l'artisan est plus prompt à engloutir l'aliment, que le fer à le trancher. C'est du gras double, mais pas à la mode de Caen. Sur cet ardent brasier rôtissent des sardines, cuisent des polypes, grillent des vongoli, s'éparpillent des mets indéfinissables, fument des ratas mystérieux, toutes choses qui trouvent des estomacs heureux de les recéler et d'en jouir. Vient le quartier des bassins de terre cuite vernissés aux couleurs violentes d'ocre et de cinabre, dans lesquels nagent et flottent d'autres denrées dont le cuisinier seul connaît l'amalgame. Passent, se croisent, se hèlent des pêcheurs portant sur leurs têtes et sous leurs bras des éventaires et des corbeilles de sparterie très-souples et fort en usage à Naples, dans lesquels la mer a mis de tous ses produits. Des vendeurs d'acquajolo, ayant aux reins le baril rempli de la précieuse liqueur ; des paysans épeluchant des figues de Barbarie, fruit long et rond, couvert de petites épines semblables à celles des cactus dont ils sont le produit, et que les Napolitains apprécient plus que nous l'ananas ; enfin vont et viennent des charrettes à bras avec force oranges, cédrats et citrons. Etendus sur des bancs, sur des restes de paille, dans le fumier de la rue, sur les marches des maisons, sur le rebord des murs en saillie, le peuple dîne ainsi. La consommation est effrayante.

Là aussi, la Reali Lotti a ses bureaux, et le matelot en liesse, le soldat en goguette, le lazzarone dépenaillé, et ce squelette chargé de loques, qui fut jadis une femme, vont y porter leur dernière monnaie.

Mais partons, éloignons-nous, car voici des ânes qui font irruption sur les dalles ; j'entends des mulets qui arrivent à fond de train ; déjà des porcs qui folâtrent m'ont frôlé de trop près, et puis la foule ondule et va se porter à *San Carlino*, son théâtre aimé, au *théâtre del Sebeto*, la scène des marionnettes, où nous n'irons pas avec lui. S'il ne faisait pas nuit déjà, je te conduirais à la Marinella, voir le lazzarone pur-sang ; mais les ténèbres le cachent ou peut-être dort-il. Et puis mieux vaut le voir au grand jour. Donc, gagnons la Chiaja.

C'est le moment où se fait la promenade aristocratique, et sur le quai, et dans la villa Reale. Tant que luit le soleil, le Napolitain, grand seigneur, ne se montre pas : mais dès que baissent les ombres, il sort. Il a peut-être ses raisons pour ne pas aimer des rayons de lumière trop éclatants : on le dit un peu râpé. On prétend même qu'il s'enveloppe, d'ordinaire, dans une robe de chambre très-fanée, et qu'il jeûne et fait jeûner son monde, afin d'économiser et d'avoir voiture. C'est là son luxe à lui : il fait des chevaux et de son équipage son bonheur ; n'est-il pas libre ? On ajoute encore que dans l'impossibilité de faire les frais de ce luxe mobiliaire, une famille se réunit souvent à une et deux autres familles, et avec trois bourses on a enfin le bonheur de posséder l'équipage désiré, dont chaque famille jouit à tour de rôle. J'espère qu'il y a

calomnie dans ces dires, et j'imagine que si le Napolitain reste
enfermé le jour, c'est à cause de la chaleur du climat, et que s'il
sort dans l'obscurité, c'est uniquement pour jouir des belles étoiles, des douces brises, et des parfums que donnent les nuits de ce
firmament merveilleux. Ce qu'il y a de bien certain, c'est que nous
trouvons à Chiaja de fort beaux équipages. Les voitures défilent
lentement sur la chaussée, les cavaliers sur le trottoir sablé, et
les piétons dans le jardin royal : on se regarde, on se salue, on
parle l'un de l'autre. Quoi ! le corricolo, lui aussi fait le Corso ?
Oui, certes ! Qu'il est fringant, celui-là ! Ses harnais flamboient
de plaques et de clous d'or; ses grelots sonnent à réveiller les
morts; et des plumes mirobolantes ondoient sur la tête de son
noble cheval de race. Quant aux Napolitains, assez jolies toilettes,
assez gracieux minois, mais du feu sacré de la française, peu
ou prou.

Quelle est cette explosion? Ah ! le feu d'artifice que l'on préparait
ce matin devant les églises de Santa-Theresa et de la Madonna
della Catena, comme on en prépare et comme on en brûle tous les
soirs à Naples. Et l'illumination dans toutes les rues voisines de
ces églises, j'espère qu'elle sautille ! En vérité, ces arcades, ces
ogives, ces colonnes, ces pyramides, ces rosaces, ces festons de
verres de couleurs sont d'un effet splendide. Mais regarde la mer,
Aglaë : elle offre un aspect plus magique encore. C'est que l'illumination de la terre est allumée par la main des hommes, et celle
de la mer par la main de Dieu. Que cette phosporescence des vagues est admirable! N'est-ce pas le plus sublime spectacle que voir
ainsi la crête des flots s'illuminer d'une vive clarté bleuâtre qui
s'éteint ensuite après l'affaissement et le brisement de la lame?
Mille lumières surgissent tout à coup sur divers points du golfe,

du moment qu'ils sont agités : ils s'étendent en longs rouleaux mobiles, jouent follement à la surface de la mer et disparaissent bientôt pour se rallumer ailleurs. Toute la frange du rivage ruisselle de feux. Chaque remous, en frappant la grève, semble pétiller et lancer des feux furtifs. Quelquefois c'est une nappe immense qui se déploie, toute constellée; quelquefois un serpent fluet qui se tord en ondulant, s'alonge, bondit et se perd au milieu des ombres. Il suffit du moindre canot sillonnant la rade pour provoquer tout autour de lui une illumination subite, et laisser à sa suite une longue traînée lumineuse. Une poignée de sable que l'on jette dans la vague fait sautiller toute la surface environnante, et chaque grain de la grève brille comme autant de perles. Qu'un lazzarone ou un pêcheur se baigne? Les gouttes d'eau qui couvrent le corps à la sortie de l'eau deviennent autant de paillettes d'argent.

Je viens de te peindre, bien imparfaitement sans doute, la curieuse ville de Naples dans laquelle je vais vivre pendant un grand mois, ma chère Aglaë : tu la vois des yeux de l'esprit, comme je la contemple des yeux du corps. Quand tu voudras, tu pourras m'y rejoindre par la pensée.

A ta bien-aimée famille, de ma bonne mère et de moi, mille baisers de l'âme. Pour le moment, je te dis bonsoir. Mais si ma plume te quitte, mon cœur murmure pour toi les plus tendres affections.

Ton cousin et ami

E. DOULET.

P. S. Hier, pour achever ma lettre, j'ai du me servir d'une bougie, et laisser ouverte ma fenêtre du côté du golfe. Dix mille moustiques ont fait invasion dans ma chambre à coucher et ont pris leurs ébats cette nuit sur mon pauvre individu que ne protégeait pas la moustiquaire. Quand je me suis éveillé ce matin, je me suis senti le corps en feu sous les morsures de ces horribles bêtes. Mais quel n'a pas été mon effroi quand je me suis vu dans la glace. Dix-sept collines rouges sur ma face ! Mon nez porte surtout un certain mamelon qui flamboie comme le Vésuve. C'est M. Valmer qui fait cette comparaison. Juge de mon ennui...

A MON AMI ACHILLE ROYER, A PARIS.

Portrait du Napolitain. — Ce qu'il faut penser des Napolitaines. — Avec quoi, moyennant trois centimes, on mange, on boit et on se lave à Naples. — Qu'entend-on par *Lazzarone?* — Origine du nom. — Quelle est la chose. — Les Lazzaroni donnant un coup de main aux révolutions. — NAPLES. — Son berceau. — Un tableau cosmographiques, géographique, hydrographique, orographique et historique. — *Parthénope.* — Les drames de Naples. — Où l'on décapite deux enfants. — Les conséquences du meurtre. — Vêpres Siciliennes. — Dynasties napolitaines. — L'Athènes de l'Italie. — Comment, au lieu d'eau, un aqueduc amène des hommes. — La conjuration des Barons. — Charles VIII, de France à Naples. — Les trois Jeannes. — Le siége de Naples par les Français. — Origine de l'Inquisition. — Ce que l'on conte aux Lazzaroni pour troubler leur amour du *far-niente* — Masaniello. — La muette de Portici. — Le duc d'Arcos et les exactions espagnoles. — Mise en scène de la place du Marché. — Masaniello II. — Le 16 Juillet 1642. — Révolte des Lazzaroni. — Où un pêcheur pérore. — Fer et feu. — Comme quoi un homme des champs devient le dictateur d'une cité. — Une moisson de cent trente mille hommes sortant de terre avec armes et bagages. — Un drame en sept actes. — Où l'on coupe les têtes à la lueur des torches. — Le Triomphe. — La Démence. — La Chute. — La Mort. — La Sépulture. — Apothéose. — Comment il se fait que le Lazzarone n'est plus qu'un mythe.

Naples, 6 septembre 185.

Quel peuple singulier que le peuple napolitain, mon cher ami !
Impossible, sans l'avoir vu ; de savoir ce qu'il a de bouffonnerie,
de gaîté, de finesse, d'astuce, de pénétration, d'adresse, d'esprit
même. C'est une sorte de Grec dégénéré, qu'un climat heureux,
une nature toujours riante, et la vie en plein air, mettent en une
joyeuse humeur perpétuelle. Je parle du bas peuple. Chez le Napo-

litain, petit marchand, gargotier, pêcheur ou lazzarone, peu im
porte, le caractère semble d'une facilité sans égale : il est tolérant
au possible. On voit des masses de peuples s'avancer dans les rues
les plus étroites, à travers vingt obstacles et rester calme quant à
l'âme ; c'est en vain que la foule se heurte, se pousse, se presse,
se cogne, se froisse et que l'on piétine l'un sur l'autre ; elle rit,
elle bavarde, elle lance des bordées de lazzis et s'amuse de ce
tumulte. C'est la nation la plus criarde et la plus bruyante qui soit
sous le soleil ; quand la voix fait défaut à la poitrine, la gesticulation et la pantomime remplacent la parole. Vous entendez hurler
partout, et partout vous voyez des bras et des jambes qui prennent les poses les plus violentes et les plus rapides. D'horribles
clameurs éclatent derrière vous : vous vous retournez croyant
qu'on s'assassine? Point : ce sont des *Facchini* qui se donnent la
main parce qu'il y a longtemps qu'ils ne se sont rencontrés. Seulement, dans tout cet amalgame d'hommes et de femmes débraillés,
dépenaillés, et dont les lambeaux qui les couvrent commettent
mille indiscrétions, les mendiants pullulent. Gare à l'étranger qui
se permet de circuler dans ces assemblements de tourbe populaire ;
on le reconnaît soudain. Qu'il veille bien sur sa montre et ses
bijoux ! Car on voit à peine le bout de son nez, qu'il est entouré,
assailli, foulé, et souvent fouillé. On hurle et on beugle sans vergogne autour de lui. Celui-ci le brosse, celui-là frotte ses bottes ;
cet autre veut porter sa canne ; il n'est pas jusqu'à son mouchoir
dont on ne prétende lui ôter la fatigue. Il faut qu'il se tienne, et
au besoin qu'il frappe. Du moment qu'il aura joué du revers de la
main, ou du pied, voire même du bâton, on le respectera comme
un prince des Deux-Siciles. Les cochers, de leur côté, vont droit
à lui et, pour le décider à user de leur véhicule, ils le serrent du
cheval et des roues contre la muraille. Ailleurs, c'est un gaillard

qui s'impose a lui comme valet, et trouve moyen de le suivre partout pour lui rendre mille petits services. Partout on cherche à
l'exploiter. Et cependant, dans le fond, ce peuple est honnête et
bon ; mais il ne résiste pas à l'occasion de gagner ou de prendre
quelque chose un matin, ici ou là, dans le but de ne plus rien
faire, le reste du jour, que s'étendre au soleil, grignotter ses lazagnes ou manger des pastèques. Il aime le *farniente* par-dessus tout.

Fort sale généralement, l'homme a, néanmoins, une belle tête,
très-expressive. L'intelligence brille dans son regard. On fait aux
femmes une réputation de laideur qu'elles méritent à un certain
âge. Jusqu'à quarante ans, elles sont douées de traits réguliers,
ont une expression de physionomie très-variée, et une grande
vivacité dans les yeux. La plupart ont porté de beaux cheveux noirs
qu'elles perdent de bonne heure, pour les avoir trop fatigués par
coquetterie : car, jeunes, on les voit, le matin, sur leurs portes,
au soleil, se coiffer les unes les autres avec une mutualité curieuse, une sollicitude de l'art et de l'agrément, et une adresse digne
des plus habiles *frisori*, dont Naples regorge. Pour bien faire, il
faudrait que tout ce peuple se plongeât dans le golfe ; il en sortirait plus pur qu'il n'y est entré, et aurait, au moins, cette netteté
salutaire du pêcheur que la mer lave plus souvent qu'il ne vou-
drait peut-être. Quand cela leur arrive, il est curieux de voir ces
braves gens faire usage de l'eau. Nous demeurons à l'Hôtel de
Rome, et entre nous et le quai de Chiatamone, s'étend un autre
quai passablement large et qui a ce nom, Largo di Santa Lucia.
Du milieu même de l'esplanade qu'il forme, un escalier de pierre
descend sur la grève. Là, on a établi des cabines de planches dans
lesquelles les amateurs peuvent se déshabiller, pour ensuite se
jeter à l'eau. Des ponts en voltiges permettent de choisir l'endroit

le plus commode pour se livrer aux agréments du bain. C'est alors
qu'il faut voir les Napolitains, mais surtout la marmaille de Naples
se précipiter dans la vague, en sortir, s'y plonger, faire mille
évolutions, en ressortir, et y rentrer encore, s'ébattre et hurler!
Il n'est pas de tours que ces Peaux-Rouges ne se jouent, pas de
de culbutes et de sauts périlleux qu'ils n'exécutent. C'est un vacarme à faire sauver les curieux dont l'oreille est par trop délicate.
Note bien que j'appelle mes Napolitains Peaux-Rouges, car rien
de plus couleur de briques, rien de plus bistré, que le cuir qui
les relie.

L'amitié répand sur l'homme de si douces et de si suaves pensées, que je t'écris, mon très-cher, afin de me rafraîchir le sang.
Hier, au soir, j'étais allé passer quelques heures, et j'avais conduit madame D... dans la plus étrange cohue. La scène se passait
in plano, sur la Strada del Porto, au centre de la vieille cité plébéienne. Ce qui se débite là d'immondes victuailles ne peut se chif-
frer. Mais imagine-toi que de tous les gargotiers, les plus gargo
tiers s'y donnent rendez-vous, s'y installent, envahissent la rue,
y allument leurs fourneaux, entre trois pierres, leurs brasiers
sur les dalles, et, qui dans la poële, qui dans une marmite, qui
dans d'énormes chaudrons, préparent des polenta sans pareilles,
des aliments sans nom, des rata défiant l'appareil de Marsh, toutes
choses que le peuple absorbe sur place, en piaillant, en braillant,
en beuglant. Les vendeurs qu'on y rencontre le plus et qui vocifé-
rent le mieux sont les marchands de pastèques, sortes de melons
chair rouge et fondante.

— *Co tre calle, vive, magne e, te lave la faccia!* débondon-
nent-ils de leur poitrine de fer, sans paix ni trève.

Cela veut dire : Avec trois centimes, tu bois, tu manges et tu te débarbouilles la face !

En effet, avec les tranches de pastèques qu'ils débitent sans interruption à une foule avide et qui fait ses délices de ces fruits, il y a moyen de satisfaire ces trois besoins de la nature; car l'amateur mord à même dans l'énorme et large tranche rose et juteuse. Ce qu'il y a de fâcheux dans cette consommation incessante, c'est que les mille écorces des pastèques, et bien d'autres reliefs, hélas ! jetés sur les dalles de la Strada, jonchent le sol et y forment une litière qui devient très-glissante. J'ai vu, hier, un Anglais tomber les quatre fers en l'air, de la façon la plus comique du monde. Notre gentleman de se mettre en fureur et de vouloir boxer; et le peuple de rire, mais de rire comme jamais on n'a vu rire. Malheureusement c'est un peu dans tous les quartiers qu'on répand ainsi tous les détritus les plus... infâmes; on les apporte même de l'intérieur des maisons sur le sol de la rue. Juge alors de la malpropreté de la ville, surtout dans les quartiers populaires et populeux. Mais à Naples, pas de police !

Or, rentré au logis, j'avais les oreilles tellement fatiguées et le corps si brisé par la foule, que je me couchai en hâte. Bast ! dormir à Santa Lucia ! Ce même peuple ne se trouve-t-il pas aussi sur le largo et le quai de l'Hôtel de Rome? Parmi ses chants et ses clameurs, qui retentirent jusqu'à une heure du matin, n'entendais-je pas aussi, et à chaque instant, l'infernal et odieux cri des âniers, conduisant leurs bêtes : Hian ! hian ! hian ! mais poussé d'une façon si indignement stridente, si longuement prolongée, si affreusement gutturale, que, quand tu voudras te débarrasser de moi et me faire sauver, tu n'auras qu'à reproduire cet exécrable hian !

Eh bien ! de ce peuple, il est une portion énorme à laquelle je m'intéresse et que j'aime : C'est le *lazzarone*. Sais-tu bien ce que c'est qu'un lazzarone?

Anciennement, à Naples, il y avait à peu près quarante mille individus des deux sexes, vêtus d'une simple chemise, qui vivaient dans des paniers d'osier, d'où ils ne sortaient que pour admirer le soleil ou pour travailler quelques rares instants de la journée. Beaucoup d'entre eux, dédaignant la mollesse des paniers d'osier, se couchaient sur les dalles des quais et de la rue de Tolède, et presque tous vivaient paresseusement à faire des commissions. Un autre grand nombre encore, attachés aux maisons puissantes de Naples, se faisaient les instruments aveugles des haines et des vengeances de leurs maîtres. Enfin, il y avait encore d'autres de ces Napolitains, dans les quartiers de la ville les plus voisins de la mer, sur le quai de la Merginella, et notamment sur le quai de la Marinella, et dans le quartier voisin del Carmine, qui vivaient du produit de leur pêche. Ces derniers restaient dans un état complet de nudité. On aurait dit des Sioux, des Peaux-Rouges, des Pawnies, de véritables sauvages. La peau cuivrée, le visage barbu, ces misérables faisaient peur. Belles formes du reste, gaillards taillés en Hercules. Les uns et les autres oubliaient facilement le passé, et, insouciant de l'avenir, ne pensaient qu'à satisfaire les besoins du moment. La facilité d'y pourvoir, la douceur du climat, la fertilité du sol, la nonchalance et la sobriété, propres aux méridionaux, enfin la négligence du gouvernement, étaient les causes de cette apathie. Ces misérables tombaient-ils malades? On les envoyait à *Saint-Lazare*, c'est-à-dire à l'hôpital, dont tu sais que le Lazare, pauvre et couvert d'ulcères, de l'Ecriture, est généralement le patron. Quand ils sortaient de l'hospice, on les affublait d'une chemise courte, d'un caleçon plus court encore, et d'un chapeau de paille. Cet accoutrement donné par Saint-Lazare leur valut à tous le nom de *Lazzaroni*. Ces lazzaroni étaient la grande curiosité de Naples.

Nonobstant, le lazzarone n'a pas de lois connues ; il dort quand sa paupière le veut, mange quand son estomac le demande, boit quand son gosier a soif, se repose quand il a gagné quelques grains. C'est pour lui que la mer déferle sur la plage ; c'est pour lui que le golfe a été creusé, que la création a été faite, que le soleil luit. Il l'absorbe par tous les pores. Il est paresseux, câlin, curieux au possible. Il est fier, il faut voir ! Soudain, passant du nonchaloir à la virilité, il lutte avec énergie, témoin le jour où je m'avisai de jeter par la fenêtre de notre Hôtel-de-Rome, quelques fruits, puis des reliefs de poulet, et enfin, une à une, des bottines de luxe quelque peu froissées par la lave. Les lazzaroni qui virent tomber cette manne du ciel, se la disputèrent à outrance. Celui qui, à la force du poignet, enleva les reliefs de la volaille, alla dévorer sa proie dans un coin, comme un chien hargneux. Malheureusement l'une des bottines échut à un rude joûteur, et l'autre à un lazzarone plus faible. Il s'agit bientôt de réunir la paire. Bataille ! Le faible, par attrait de la possession, triompha du fort, et ce fut un curieux spectacle de voir le drôle se fourrer les pieds dans la chaussure, la cirer incontinent, et ensuite faire la roue, comme le paon, sur le quai Sainte-Lucie ! Puis tous, de rire, de s'ébaudir, et de nous faire signe de leur expédier encore quelque défroque

C'est ce lazzarone si humble, si doux, si patient, qui a pourtant fait, à Naples, les plus terribles révolutions. Tu n'aimes pas les révolutions, toi, cher ami, et sur ce point, tu ressembles à bien

d'autres. Je vais toutefois te parler des révolutions de Naples. Prépare tes oreilles : on en compte pas moins de quarante à quarante-
cinq !...

Avant d'entrer dans le vif de la question, recueille ces prolé-
gomènes, mon très-cher; et, pour mieux en profiter, figure-toi
que ton ami Valmer a endossé sa robe et sa barrette d'autrefois
et que c'est du haut de sa chaire de professeur qu'il te parle, tout
comme feu M. Dédé, l'illustre pédagogue de nos premiers ans.

— Au point de vue de la cosmographie, Naples est situé sous le
11° 55' de latitude septentrionale, et 40° 51' de longitude orientale.
Elle est à deux cents quatre-vingt-dix lieues de Paris et à quarante
de Rome. Sa population est de 420,000 habitants.

Au point de vue de la géographie, le royaume de Naples, situé
dans la partie méridionale de l'Italie, est borné au nord par les
États de l'Église, au nord-est par l'Adriatique, à l'est par la mer
Ionienne, au sud par la Méditerranée, et au sud-ouest par le détroit de Messines, qui la sépare de l'Italie.

Au point de vue de l'hydrographie, le même royaume est divisé
par l'*Apennin* en trois versants; à l'est, celui de l'Adriatique; au
sud, celui de la mer Ionienne, et à l'ouest, celui de la mer
Tyrrhénienne ou Méditerranée. La ligne du partage des eaux part
du plateau des Abruzzes. Les principales rivières sont le *Liris*, le
Vulturne et le *Garigliano*.

Au point de vue orographique, il est traversé dans toute sa longueur par la *Chaîne des Apennins*. Il contient l'extrémité méridio
nale de l'Apennin central, c'est-à-dire, le *Plateau des Abruzzes*,
non moins remarquable par sa hauteur que par sa configuration.

Les sommets, le *Grand Sasso* et le *Monte-Valino*, sont couverts de neige, et ses flancs, revêtus d'immenses forêts de chênes et de pins, fournissent d'excellents bois de construction. Ses contre-forts se partagent en une infinité de vallées, dont les populations, isolées entre elles, vivent à la façon des Clans de l'Ecosse.

Enfin, au point de vue de l'histoire, le royaume de Naples comprenait anciennement six grandes provinces :

Le *Samnium*, maintenant les Abruzzes, Principauté Ultérieure et Terre de Labour ;

La *Campanie*, Terre de Labour et Province de Naples ;

L'*Apulie*, La Pouille du moyen-âge, et aujourd'hui la Capitanate et la Terre de Barri ;

La *Messapie*, actuellement Terre d'Otrante ;

La *Lucanie*, Basilicate et Principauté Citérieure ;

Et enfin, le *Brutium*, de nos jours les Calabres.

Les peuples primitifs de ces contrées appartenaient à la *race Pélasgique*, conquise et soumise ensuite par des tribus de *race Osque*, véritable souche des peuples italiens. De nombreuses *colonies grecques*, établies sur les côtes des quatre dernières provinces, leur valurent le nom de *Grande Grèce*.

Conquise par les Romains, au IIIe siècle, avant Jésus-Christ, après les guerres des Samnites, ces six provinces restèrent soumises à leur domination, jusqu'à la chute de l'empire.

Alors, dans l'an 476 de notre ère, quand se fit l'invasion des Barbares, elles passèrent aux Hérules, puis en 489 aux Ostrogoths.

Enlevée aux Barbares par les généraux de Justinien, empereur d'Orient, en 553, l'Italie méridionale passa aux Lombards, en ?68. Toutefois, les Grecs continuèrent à en posséder quelques provinces, la Pouille, par exemple.

Au xie siècle, époque de morcellement général, l'Italie Napolitaine fut partagée en une infinité de petits états : le *duché de bénévent*, appartenant aux Lombards : *La Pouille*, la *Calabre* et *Naples* ; aux Grecs, les *républiques de Salerne et d'Amalfi*, et la *principauté de Capoue*.

Ces divers états devinrent la conquête de Robert Guiscard et de ses Normands, qui fondèrent ainsi le *royaume des Deux-Siciles* vers le milieu du xiie siècle.

Mais à ces dominations normandes succéda, en 1194, celle des Allemands, de la maison de Hohenstauffen ;

Puis, en 1266, celle des Français, de la maison d'Anjou ;

Ensuite, en 1443, celle d'Alfonse d'Aragon, prince d'Espagne

Alors, disputé entre la France et l'Espagne, pendant toute la durée des guerres de l'Italie, le royaume de Naples demeura enfin à l'Espagne, de 1559 à 1743, qu'il fut donné par les traités d'Utrecht, à la maison d'Autriche.

Enfin, en 1736, il redevint un état indépendant, entre les mains d'une branche des Bourbons d'Espagne. Un moment transformé en république, vers 1799, par le fait des Français, alors en révolution et conquérant le monde, il retomba ensuite sous la domination des Bourbons d'Espagne, puis sous le sceptre de Joseph Bonaparte, frère de Napoléon Ier, et il échut à Murat, en 1808.

Mais, en 1814, les Français ayant dû évacuer Naples, les Bourbons d'Espagne furent rétablis sur le trône.

Dixi, j'ai terminé mon préambule de pédant, et j'entame, à cette heure, l'histoire de la très-fidèle ville de Naples, se révoltant jusqu'à quarante-cinq fois contre ses bons souverains.

Deux cent soixante-quatre ans après la guerre de Troie, c'est-à-dire vers l'an 1000 avant Jésus-Christ, des Phéniciens qui erraient sur la mer Tyrrhénienne, forcés de relâcher au pied des collines qui forment l'enceinte du golfe le plus vaste de cette côte, trouvèrent sur le rivage un tombeau solitaire. ΠΑΡΘΕΝΟΠΗ, tel était le nom gravé sur ce tombeau. En effet, sous la pierre du sépulcre gisait une sirène, la sirène Parthénope qui, éprise d'Ulysse, lorsqu'il errait dans ces parages à la recherche de son île d'Ithaque, et dédaignée par le prince grec, s'était précipitée dans la mer, dans ce golfe où des pêcheurs lui avaient élevé un sépulcre connu sous le nom de *Tombeau de Parthénope*. Les Phéniciens fondèrent à l'entour une bourgade que l'on appela désormais Parthénope. Note bien que ce nom et cette fable n'ont rapport qu'au charme magique et tout puissant de la *beauté virginale* de la contrée dont le Napolitain est si orgueilleux, que dans son enthousiasme poétique il l'appelle un *coin du ciel tombé par mégarde sur la terre!*

Mais déjà depuis plus de cent ans, non loin de ces collines, de Parthénope, qui veut dire *Vierge*, et sur des rivages voisins, existait la fameuse ville de Cumes, dont les deux colonies fondatrices, l'une venue de l'île d'Eubée, l'autre de Cumes d'Asie, vivant en de continuelles dissensions, se séparèrent, et la colonie d'Eubée se fixant sur la colline dominant la vallée du tombeau de Parthénope, qu'entouraient déjà des habitations phéniciennes, y fonda une

ville, et lui donna le nom de *Neapolis* ou *Nouvelle-Ville*, par opposition à la bourgade qui entourait le tombeau, et dont le nom
fut *Paleapolis* ou *Vieille-Ville*. Mais réunies bientôt en une seule
cité, le nom de *Neapolis* prévalut.

Telle est l'origine de la *Napoli* des Italiens, que nous, Français,
nous appelons *Naples*. Cette ville est, en effet, divisée en deux
parts, la ville des Collines, ou Ville-Haute, la Ville-Nouvelle,
Neapolis, et la ville de la Vallée, ou Ville-Basse, la Vieille-Ville,
Paleapolis.

L'an de Rome 320, une colonie d'Athéniens, conduite par Dio-
time, vint se fixer, à son tour, dans cette ville grecque. Ce Dio-
time y institua des *jeux lampadiques*, en l'honneur de Parthénope,
lesquels jeux se célébraient annuellement, avec une pompe magnifique, et à grand renfort de flambeaux, de torches et de lampions. Je soupçonne que de ces fêtes resta aux Napolitains leur
amour des réjouissances qui ont lieu, le plus souvent possible,
dans leur cité, jamais trop à leur gré, et toujours avec explosions
de boîtes, de bombes, coups de canon, feux d'artifices à n'en plus
finir, et illuminations devenues célèbres, sous le nom de *a Giorno*,
parce qu'elles rendent la nuit aussi lumineuse que le jour. Quoiqu'il en soit, Naples devint une cité de premier ordre, où régna
l'élégance athénienne, dont les monuments grecs firent la gloire,
et qui brilla bientôt de tout l'éclat du luxe, du savoir-vivre, des
écoles savantes, et du renom des hommes qui l'habitèrent. Elle
devint un séjour de prédilection pour les Romains. Auguste la
décora de splendides édifices, et y construisit un aqueduc, dont on
voit encore des restes. Néron vint y chanter sur le théâtre, qu'un
tremblement de terre fit tomber au moment où ce *grand artiste* le

quittait. Ces deux empereurs, et d'autres encore, y résidaient souvent. Virgile y demeura sur la colline du Pausilippe, où il fut enterré. On l'appelait alors la *riante*, *l'oisive*, la *docte*. Pétrone, qui ne s'y connaissait que trop, la signale comme le pandemonium de tous les vices. A la chute même de l'empire, elle se distinguait encore par ses théâtres et les délices qu'elle offrait à ses visiteurs.

Mais quand vinrent les Barbares, ils y exercèrent de tels ravages, qu'à peine y retrouve-t-on quelques débris de son ancienne splendeur. Les études qui conviaient dans ses murs grand nombre d'étrangers furent remplacées par l'ignorance et la superstition : et ce fut à grand'peine, qu'après le moyen-âge, Naples vit renaître quelque gloire dans son enceinte.

N'attends pas de moi, mon très-cher, que je t'énumère, jour par jour, les annales de la cité de Naples. A quoi bon faire paraître à tes yeux, comme dans une lanterne magique, sur le ciel brillant de ses collines, et parmi les rues teintes de sang :

Bélisaire, général de Justinien, conduisant ses troupes victorieuses jusqu'aux portes de la ville, et profitant de l'obscurité d'une nuit sombre pour s'introduire dans ses murs en se glissant par la voie souterraine d'un aqueduc, afin de chasser les Ostrogoths ;

Narsès, succédant à Bélisaire, et, au grand enthousiasme de la contrée, formant, du territoire de Naples et de Gaële, un duché qui se donne une sorte de gouvernement républicain ;

Le peuple soutenant contre le roi *Roger*, frère de *Robert Guiscard*, et leurs terribles Normands, en 1136, un long siége, pendant lequel les femmes, les enfants, les vieillards expirent par les rues et sur les places publiques, dans l'agonie de la faim, plutôt que de
Naples.

se rendre, et enfin se soumettent au vainqueur, qui fonde le *royaume des Deux-Siciles ;*

Guillaume-le-Mauvais, successeur de Roger, agrandissant le circuit de la ville, alors à peine la douzième partie de ce qu'elle est aujourd'hui, construisant le *Castel-Capuano*, nommé plus tard la *Vicaria*, et le *Castel dell'Ovo*, le château de l'Œuf, sur l'île Saint-Sauveur, et mettant sous la gehenne de son sceptre de fer les pauvres Napolitains, qui n'osent encore lever la tête ;

L'empereur d'Allemagne *Henri IV*, fils de Frédéric Barberousse, mari de Constance, la descendante du dernier des Normands, qui le fait héritier du trône de Naples et de Sicile, et Frédéric II, leur fils, installant la maison de Hohenstauffen dans le Castel-Capuano, fondant l'université de Naples, et enfin mourant par le poison que lui donne Mainfroi, son bâtard ;

Ce *Mainfroi* et *Conrad IV,* son frère, empereur d'Allemagne, en 1253, mettant le siége devant Naples, prenant la ville par capitulation, puis décapitant les principaux citoyens et rasant leurs remparts, parce que le pape Innocent IV a détourné la ville de l'obéissance au criminel Mainfroi, enfin, Conrad mort, ce Mainfroi s'emparant du trône au détriment de son neveu, *Conradin*, fils de l'empereur?

Quand à cette dynastie des Hohenstauffen j'aurai fait succéder celle des d'Anjou, de France, dans la personne de *Charles I,* qui, se débarrassant successivement, en 1266 et 1268, par deux victoires et par la hache du bourreau, de l'usurpateur Mainfroi et du eune Conradin, devient possesseur du royaume, agrandit Naples et construit le *Duomo* ou la cathédrale de Saint-Janvier et la Bastille du *Castel-Nuovo*, mais expie le crime du meurtre par les Vêpres Siciliennes qui lui enlèvent la Sicile ;

Quand je t'aurai montré *Charles II*, élevant le *château Saint-Elme ; Robert*, surnommé le *Grand*, ami de Pétrarque, mettant en honneur les arts, les sciences et les lettres, et méritant pour Naples le titre d'*Athènes de l'Italie* ; *Jeanne I*, laissant expirer son premier mari, André de Hongrie, sous l'étreinte du lacet de soie de l'astucieuse Catanaise, dans l'ombre du cloître d'Averse, et *Charles du Durazzo*, qu'elle appelle à lui succéder, la faisant étouffer sous un lit de plumes, après qu'elle s'est enfermée dans la citadelle du Château-Neuf ;

Quand j'aurai fait paraître à tes yeux le luxe et la corruption qui passent de la cour à la ville et font encore de Naples et de Baïa, comme sous l'ancienne Rome, un théâtre de voluptés ; puis *Ladislas de Durazzo* et *Louis d'Anjou*, fils de Jean II, roi de France, se disputant le trône ; *Jeanne II*, sœur de Ladislas, à son mari Jacques II de Bourbon, préférant Sergiani Caracciolo, et lui abandonnant le pouvoir jusqu'à ce que le poignard d'une duchesse méprisée et la colère du roi de Sicile, Alphonse d'Aragon, livrent à la mort l'indigne favori, dans le Castel Capuano ;

Quand enfin j'aurai fait passer sous tes yeux l'image du bon roi *Réné*, se débattant avec Alphonse pour la possession du trône napolitain, et que tu auras vu les compagnies franches avec leur fameux condottiere *Sforza*, enlever le pouvoir à Réné, qui est plus occupé de poésie que de gouvernement ;

Il ne me restera plus à te présenter que les ombres des rois de race et de dynastie espagnoles qui vont mettre la main sur le sceptre.

Donc, voici venir *Alphonse*, roi de Sicile, que les lazzaroni de Naples ont insulté en fermant les portes derrière lui, alors qu'il s'absentait de leur ville, qui met le siége devant ses fortifications et place son camp auprès de Portici. Les lazzaroni se défendent bravement. Ils supportent la faim et la soif sans parler de se rendre, lorsqu'un maçon découvre aux assiégeants un viel aqueduc abandonné, par lequel trois cents soldats, introduits dans la ville, livrent les portes au prince d'Aragon. Alphonse fait alors une entrée triomphale qui a pour but d'imposer sa puissance par la majesté de la pompe. Il porte la couronne en tête, et cinq autres sont à ses pieds. Elles figurent les royaumes d'Aragon, de Sicile, de Corse, de Majorque et de Sardaigne. Alors il établit sa résidence à Naples, et y institue la *cour royale de Sainte-Claire* ou *cour Capouane.* Sa grande libéralité lui mérite le surnom de *Magnanime.*

Sur la fin de ses jours, il avait recommandé trois choses à *Ferdinand I,* son fils et son successeur. La première était qu'il éloignât de sa cour les Aragonais et les Catalans, et qu'il se servît surtout des Napolitains. Par la seconde, il lui donnait la bonne pensée de diminuer les impôts. Enfin la troisième avait pour but de maintenir la paix avec les républiques italiennes et notamment avec les Papes. Ferdinand, pour avoir oublié ces conseils, vit ses principaux barons arborer la bannière du Saint-Siége et se mettre en rébellion déclarée. La paix fut conclue néanmoins, au prix de la ville d'Aquila donnée aux Papes. Mais les barons n'eurent pas plus tôt déposé les armes que Ferdinand les fit traîtreusement mettre à mort. Aussitôt le Saint-Père donna le *royaume de Naples* à Charles VIII de France.

Nous comptons donc bon nombre de révolutions dans c fidèle royaume de Naples... Nous arrivons à la plus fameuse :

Charles VIII se livrant imprudemment à son ardeur belliqueuse et à de trompeuses espérances, se met en marche pour l'Italie au mois d'août 1494. Il part avec une armée de trente mille hommes et arrive sans obstacle jusqu'à Rome dont il prend possession à la lueur des flambeaux. Pressé de continuer cette marche triomphale, qui lui semble une série de victoires, le jeune monarque s'avance jusqu'à Naples, et y fait son entrée au milieu d'un peuple qui jette des fleurs sur son passage et qui l'appelle le libérateur de l'Italie. Cet enthousiasme, malheureusement, est de courte durée. Pendant que Charles VIII s'occupe de tournois et de fêtes, les Etats de l'Italie, que l'on a soulevés, se liguent contre les Français, qui se voient bientôt entourés d'ennemis. Aussitôt Charles précipite son départ afin de ne pas laisser fermer le passage de l'Apennin. Il arrive à Fornoue, à quelques lieues de Parme. Là, il se trouve face à face avec l'armée des Confédérés. Ayant laissé à Naples une partie de ses troupes, le roi de France n'avait avec lui que huit mille hommes, tandis que les ennemis en comptaient quarante mille. Cinq hommes contre un ! La valeur française supplée au nombre comme tu sais. Après un combat d'une heure, nos soldats avaient tué quatre mille ennemis et mis le reste en déroute. Les pauvres Italiens se sauvaient, répétant avec terreur qu'ils ne pouvaient résister à la *Furia Francese !*...

Hélas ! Gonzalve de Cordoue et ses troupes espagnoles envahirent le royaume de Naples, et conquête et victoire devinrent inutiles.

Cependant Ferdinand Ier s'était enfui à Messine, où il se fit tonsurer dans un couvent de Moines olivataires. *Ferdinand II*, son fils, aidé de Gonzalve, reprit possession du trône, mais il périt peu après. *Fréderic* prenait à peine le sceptre, quand il vit arriver

Louis XII, roi de France, qui, maître du Milanais, marchait vers Naples, qu'il prétendait ramener sous son obéissance. Pour ce faire, le roi de France s'était uni avec le roi d'Espagne, Ferdinand *le Catholique*. Les deux monarques devaient faire conjointement la conquête du royaume et s'en partager les dépouilles. On était en 1500. Les Français, commandés par d'Aubigné, et l'armée espagnole, sous les ordres de Gonzalve de Cordoue, achèvent, en effet, rapidement cette conquête. Mais d'inévitables désordres ne tardent pas à éclater entre les vainqueurs, quand vient le moment du partage. La guerre s'ensuit. Les Français sont battus, à Seminare et à Cérignoles, et, dans l'une de ces batailles, treize de nos chevaliers luttent contre pareil nombre d'Italiens, à la grande gloire de nos armes. Néanmoins, le royaume de Naples est à jamais perdu pour nous.

Ferdinand le Catholique entra bientôt à Naples sous les auspices les plus flatteurs. Il tint un parlement, confirma les priviléges, se fit acclamer des barons et des députés des provinces. Mais, ayant essayé d'introduire l'*Inquisition*, cette fatale pensée lui porta malheur. Les lazzaroni prirent les armes et les torches : ils versèrent le sang et mirent le feu dans la ville de telle manière que le grand inquisiteur fut chassé de Naples, et le roi d'Espagne eût été contraint de le suivre, s'il n'eût solennellement aboli ce tribunal.

Mais le mariage de Jeanne la Folle, sa fille, avec Philippe le Beau, fils de l'empereur Maximilien, fit passer dans la maison d'Autriche le royaume des deux Siciles, que réunit *Charles-Quint*, et que l'Espagne conserva pendant deux siècles.

De mémorables évènements signalent cette époque.

Le premier de tous est le siége de Naples par les Français con-

duits par Lautrec, au nom de Louis XII, et déjà maîtres de Capoue,
d'Averse et de Nola. L'armée française étant campée au pied même
de la colline du Poggio Réale, à l'est de la ville, non loin du Vésuve, Lautrec, dans l'intention de priver la cité d'eau potable,
rompt l'aqueduc de la Bolla ; mais alors son camp est inondé, et
bientôt les eaux stagnantes, infectant l'air, causent une épidémie
qui, jointe à la peste dont la ville était atteinte, fait périr les soldats par milliers. Lautrec s'éloigne à grand'peine, entraînant à sa
suite ses milices épuisées et abandonnant à jamais les prétentions
de la France sur le royaume de Naples.

Le second et le troisième mettent en relief les lazzaroni d'abord,
mais surtout, parmi les lazzaroni, deux hommes du peuple qui ont
rendu terribles les révoltes dont ils furent les auteurs, et célèbre
à jamais, à Naples comme dans le monde entier, le nom de Masaniello...

D'abord, depuis que les rois d'Espagne possédaient le royaume
des Deux-Siciles, Naples était gouvernée par des vices-rois, tantôt
autrichiens, auxquels on joignait des lieutenants. Gonzalve de
Cordoue fut un de ceux-là. Vint ensuite *don Pedro de Tolède*, qui,
des fossés de la ville, à l'ouest, remplis et nivelés, fit la magnifique *Strada di Toledo*, et agrandit considérablement la ville sur
les collines du Vomero, et les quais, etc. Cet homme, habile politique, mais dédaignant l'art de gagner les cœurs, voulut reprendre
l'œuvre de Ferdinand Ier et établir le Tribunal de l'Inquisition.
L'origine de ce Tribunal remonte à une constitution du concile de
Vérone, établie par le pape Licinius, par laquelle ce pontife or-
donnait aux évêques de s'informer, *inquirere*, par eux-mêmes ou
par des commissaires, des personnes suspectes d'hérésie, afin de
les éclairer et de les ramener à la vérité. L'Inquisition fut établie

sur ce principe dans les Etats de l'Eglise ; et c'est une circonstance
digne de remarque, que là, bien rarement, le bûcher se dressa
pour punir un crime de religion. Des conseils de remontrances,
des expiations privées, quelquefois publiques, rappelaient généralement le coupable dans le giron de l'Eglise. Mais, en Espagne, ce
tribunal agit de telle sorte qu'il rendait l'inquisition sanglante, et
par là même odieuse. Aussi, à ce mot d'inquisition prononcé par
l'Espagnol don Pédro, les lazzaroni de se mettre en révolte ouverte, comme la première fois, sous Ferdinand. Il y avait lieu. On
leur disait, malignement et tout bas, que pour peu qu'ils parussent
suspects, on leur donnerait l'affreuse torture de la question, par la
corde, par l'eau ou par le feu Les meneurs de l'insurrection leur
racontaient que, dans le premier cas, on liait derrière le dos les
mains du patient, par le moyen d'une corde passée dans une pou-
lie au plus haut d'une voûte et que les tourmenteurs, après l'avoir
élevé aussi haut que possible, et tenu ainsi suspendu pendant
quelque temps, lâchaient la corde de manière à ce qu'il tombât à
un demi-pied de terre, secousse horrible qui disloquait les join-
tures du corps et était ainsi renouvelée sans cesse pendant une
heure. Quant à la question par eau, les bourreaux étendaient leur
victime sur une espèce de chevalet de bois, en forme de gouttière,
les pieds plus haut que la tête, un linge fin mouillé placé au fond
de la gorge et sur les narrines, et faisaient filtrer l'eau dans la
bouche et dans le nez avec tant de lenteur que, dans ses efforts
pour respirer et pour avaler, le patient endurait un supplice inex-
primable. Enfin pour appliquer la question du feu, les tourmenteurs ayant attaché les mains et les jambes du suspect, lui frot-
taient les pieds avec de l'huile ou de la graisse et les lui plaçaient
devant un brasier ardent jusqu'à ce que sa chair fût tellement
crevassé que les nerfs et les os parussent dénudés de toutes parts......

Je te laisse à penser si, à ces détails, les lazzaroni, qui aiment fort leurs aises et le repos, et d'ailleurs catholiques à ne jamais être suspectés, ne frémissaient pas de colère! Aussi, quant un jour, en 1547, à la porte du Duomo, ces braves gens voient affiché le Bref d'Introduction du Saint-Office, ils se soulèvent comme un seul homme. Un capitaine de place, né à Sorrente, *Tommaso Aniello*, par abréviation *Maso Aniello*, et en un seul mot *Masaniello*, se met à la tête des mutins. Ils courent, comme des furieux, déchirer l'affiche partout où elle se trouve. Mais dans leurs pérégrinations on leur enlève Masaniello, que l'on conduit au Castel-Capuano, devenu la *Vicaria* ou résidence du Vice-Roi. Le peuple y accourt et réclame son héros à grands cris. Avis est demandé à don Pédro, qui s'est réfugié dans la Bastille du Castel-Nuovo. Ce retard fait naître des soupçons, et le tumulte croît à chaque minute, lorsque la cloche de San-Lorenzo, une église du centre de la ville, sonne le toscin, et porte la rébellion à son comble. Aussitôt, trois citoyens, heureusement inspirés, se mettent à la tête des lazzaroni, qu'ils divisent en trois bandes, et les conduisent par des rues différentes à la rencontre du lieutenant du vice-roi parti en émissaire. On le retrouve dans l'église de Santa-Chiara, où il s'est réfugié; mais comme il ne fait aucune réponse satisfaisante, il est traîné vers San-Lorenzo, où il est question de lui donner la mort. Sur ce, le lieutenant dépêche un des trois chefs des révoltés à la Vicaria, avec l'ordre de rendre la liberté à Masaniello. Alors les bandes de lazzaroni se précipitent de ce côté. Tout-à-coup voici venir à eux, monté en croupe sur le cheval de l'envoyé leur chef Masaniello, libre, joyeux et triomphant. Les lazzaroni d'applaudir à sa délivrance! C'était tout ce qu'ils voulaient. On leur promet de ne pas établir le Saint-Office, et, de leur côté, la populace rentre incontinent dans l'obéissance.

Tel est le caractère du Napolitain : effervescence d'un moment, puis, tout après, calme plat. C'est cette étrange mobilité, et cette singulière apathie après l'agitation, que sut trop bien comprendre un autre vice-roi, le duc d'Arcos, en 1647, dans l'autre révolution des lazzaroni, que je vais dire.

Le moment est venu d'entonner ta bien-aimée barcarole de la *Muette de Portici* :

Amis, la matinée est belle,
Sur le rivage assemblez-vous
Montez gaiement votre nacelle,
Et des vents bravez le courroux.
Conduis ta barque avec prudence,
Parle bas, pêcheur, parle bas !
Jette tes filets en silence :
La proie au-devant d'eux s'élance.
Parle bas, pêcheur, parle bas !
Le roi des mers ne t'échappera pas.

Cette fois il s'agit du second Masaniello, du grand Masaniello, de ce Masaniello dont le nom est tellement populaire à Naples, qu'il suffirait de le prononcer pour mettre en émoi l'innombrable populace qui y pullule. Aussi, depuis l'époque de son triomphe, est-il défendu, dans les Deux-Siciles, de donner ce nom à âme qui vive. Mais on a beau faire, la grande ombre de Masaniello plane sur la ville, et à Naples, le premier héros n'est pas le roi, mais Masaniello.

D'abord, il faut te dire, mon cher ami, qu'un esprit de liberté paraissait à cette époque animer l'Europe entière. Les Hollandais venaient de faire reconnaître et respecter leur République ; les Anglais retenaient Charles Ier prisonnier à Hampton-Court ; nous, Français, nous faisions la guerre de la Fronde au cardinal Mazarin et à la Régente ; les Portugais secouaient le joug de l'Espagne ; les Catalans se soulevaient, et une insurrection éclatait en Sicile. La révolte était donc dans l'air qu'on respirait et, à son contact, Naples devait s'insurger. Presque partout l'inquiétude et la souffrance soulevaient les peuples contre des abus intolérables : ceux de Naples étaient les impôts, des impôts excessifs dont on frappait toutes choses au profit des Espagnols. Mais, en de telles circonstances, la plus dangereuse de toutes les passions auxquelles les opprimés puissent s'abandonner est celle de la vengeance : c'est elle qui fait échouer presque toutes les révolutions.

Voici la mise en scène de notre drame :

Non loin du golfe et du quai plébéien de la Marinella qui le borde, au centre du quartier del Carmine, ainsi nommé du Fortin et de l'Église del Carmine, voisin, à l'extrémité orientale la plus basse des rampes qui portent Naples, il est une grande place qui a nom *Largo del Mercato*, Place du Marché. De hautes maisons bordent son immense parallélogramme ; mais aux souquenilles et aux lambeaux qui se balancent à toutes les fenêtres, et à tous les visages qui font apparition aux lucarnes parmi les guenilles, qui les décorent, on doit comprendre que ces maisons n'ont d'autres habitants que la populace la plus infime. En effet, c'est sur cette place et dans les rues qui y aboutissent que demeurent les lazzaroni, et que se vendent les fruits et les légumes. Au temps en question, sur un échafaud de bois, se dressait en permanence le gibet qui servait à pendre les criminels. De nos jours, on guillo-

tine, et l'affreuse *Mandaja* ne montre son squelette qu'au moment
voulu, c'est-à-dire, comme en France, pendant la nuit qui précède
une exécution. Au temps en question encore, on voyait une croix
de porphyre érigée en face du *Vicolo del Sospiro*, la ruelle des
Soupirs. Cette croix est abritée de nos jours par une chapelle, et
désigne l'endroit même où, le 29 octobre 1263, un matin, le jeune
Conradin de Hohenstauffen et son cousin Frédéric d'Autriche,
furent frappés de la hache du bourreau. Les rues qui convergent
sur cette place sont nombreuses et, toutes, habitées par la plèbe.
Je te signale seulement celle du milieu, au nord, le Vicolo del
Sospiro, parce que c'est cette ruelle des Soupirs, — elle est bien
nommée, qu'en dis-tu? — qui conduit à la Vicaria, résidence des
rois et des vice-rois, jadis, et à présent prison des condamnés à
mort. Je te signale, en outre, une série de rues à l'ouest, qui, se
rattachant à la Strada del Porto, dont je parlais au début de cette
lettre, mènent droit au Castel-Nuovo. Sur ce Largo del Mercato
grouillent des milliers de marchands de fruits et de légumes, et,
parmi des montagnes et des pyramides de pastèques, d'oranges,
de citrons, des centaines d'enfants à l'état de nature, et des
légions de lazzaroni. Il est difficile de concevoir un tableau plus
animé.

Donc, en de 1642, le 16 juillet, alors que le peuple de Naples,
lazzaroni et vendeurs, pêcheurs et facchini, commence à envahir
la place du marché, des groupes de curieux entourent un appareil
de fête disposé au centre même du Largo. On allait célébrer les
pompes de Notre-Dame du Mont-Carmel, fête du quartier, del
Carmine ou du Carmel, et, à cette occasion, on avait construit une
sorte de forteresse en bois peint. Alors, comme souvenir des as-
sauts qu'avait dû subir la montagne du Carmel dans les guerres,

saintés, ce pastion défendu par une garnison chrétienne, devait être attaqué par une armée de Sarrasins. Les soldats chrétiens n'étaient autres, d'ordinaire, que les lazzaroni, en caleçon court et la tête coiffée de leur bonnet rouge. Les soldats infidèles n'étaient autres non plus que des lazzaroni, vêtus à la turque, pantalons larges, veste de soie et turbans étincelants. Pour armes, ces légions chrétiennes et sarrazines avaient de long roseaux dont on ne pouvaient craindre de cruelles blessures dans la mêlée. Mais, en outre de ces préparatifs d'amusements, une autre chóse fixait le regard, c'était des gens du vice-roi, en justaucorps espagnols, la hallebarde au bras, qui gardaient les issues de toutes les strades et de tous les vicoli. A tout venant, ces hommes d'armes faisaient remarquer d'un air narquois un décret affiché sur les murailles. On le lisait : mais dans les yeux de ceux qui lisaient, comme sur le visage de ceux qui écoutaient, on voyait quelque chose qui ressemblait à la stupeur d'abord, puis à la colère. Sur ce, des hordes de plébéiens se réunissent : on cause à haute voix, on gesticule. Le murmure et l'animation vont croissant, on braille, on crie, on hue, on hue les gens du duc d'Arcos... La foule arrive plus nombreuse encore : elle s'impatiente, ou voit que le feu d'une fièvre la surexite. Tout-à-coup, des groupes nouveaux qui surviennent sort un jeune lazzarone qui dépose à terre une corbeille de fruits. Il est grand, il est beau, il a le regard fier, le visage inspiré : on devine qu'une passion le domine. De son costume rien à dire ; il a pour tout vêtement un caleçon de toile blanche très-court.

— Les voilà bien ces gens de sac et de corde ! s'écrie-t-il avec exaltation. Il leur faut boire jusqu'à la dernière goutte de la sueur du pauvre peuple... Ces indignes représentants de notre roi bien-aimé, qui ne les connaît pas, non contents d'avoir mis des impôts

sur toutes choses, viandes, boissons, vêtements, maisons... inven-
tent encore de nouvelles taxes. L'insatiable gabelle va peser à
cette heure sur nos plus vils aliments. Les fruits et les légumes
chargés par le fisc d'un odieux impôt, que nous restera-t-il à manger, si non l'herbe des champs, comme le bétail? Veulent-ils donc
que le peuple meure! Savez-vous, amis, qu'une gabelle de quatre-
vingt mille ducats pèse d'aujourd'hui sur ces denrées du pauvre?
Quatre-vingt mille ducats! Et cet argent qu'ils expriment des
dons que Dieu a faits à l'indigent, cet or qu'ils pressurent du jeûne
qu'ils imposent, à qui le donnent-ils? Aux Espagnols! aux Espagnols toujours... Oui, c'est notre mort que l'on veut! On nous
pousse au désespoir et à la révolte? Eh bien! rebellons-nous. Enfants, aux armes! aux armes, au cri de : Vive le roi! Vive Philippe IV! mais guerre! guerre à mort au duc d'Arcos, son indigne
et traître représentant!

— Vive, vive le roi! Guerre, guerre au duc d'Arcos! s'écrie la
foule des lazzaroni, si mobiles, si faciles à émouvoir et à en-
traîner.

— Vive, vive Masaniello! ajoutent-ils avec un enthousiasme
plus formidable encore.

En effet, le lazzarone qui vient de parler, né à Amalfi, sur le
golfe de Salerne, est fixé depuis peu à Naples. Il demeure sur le
Largo del Mercato même, dans une maison qui fait presque l'angle
de la place, du côté du Fortin et de l'église del Carmine, au levant.
Il a le nom, le nom prédestiné à servir de bannière au peuple, de
Tommaso Aniello, que, dans son amour des diminutifs, la plèbe
prononce *Masaniello*. Il reprend alors avec une énergie sauvage :

— Le duc va savoir que nous nous soulevons, amis. Allons à

son palais le lui dire nous-mêmes ! Qu'il apprenne que nous re-
fusons la nouvelle taxe et toutes les gabelles qui ont été inventées
depuis l'ordonnance de Charles-Quint, excluant pour l'avenir toute
imposition !

— A la Vicaria ! hurlent cent mille voix.

Que dis-je ? cent mille ! Deux cent mille voix s'égosillent dans
Naples, soulevée partout, en un quart d'heure. Lazzaroni, pêcheurs, facchini, matelots, marchands, gens de toutes les profes-
sions, plus cinquante mille femmes, suivent Masaniello qui, armé
d'une épée, va droit à la Vicaria. Là, on demande le vice-roi, qui
ne se trouve nulle part. Toutefois aux indicibles clameurs de cette
multitude déchaînée, d'Arcos comprend l'éminence du péril. Il
écrit deux ordonnances, la première qui abolit tous les impôts, la
seconde qui dote Masaniello. Le vendeur de fruits lit au peuple
celle-là, mais il déchire celle-ci, au grand enthousiasme de la foule,
prête à le vénérer comme un être surnaturel. Puis, comme les
lazzaroni ont fait irruption dans le palais, qu'ils dévastent, et que
le vice-roi peut être en danger d'être occis, Masaniello lui conseille
de se retirer au château Saint-Elme, proposition que le duc d'Arcos accepte avec empressement. A ce moment, des hauteurs du
château, le vice-roi peut voir le torrent populaire qui se répand
partout, portant la flamme et le fer, incendiant les bureaux de
perception, incendiant les palais des seigneurs espagnols, mas-
sacrant les nobles qu'il rencontre.

Maître de la ville, le pauvre pêcheur d'Amalfi, qui comprend
que désormais ses ordres deviennent des lois pour la multitude
furieuse, retourne sur la place du marché dont il fait son Louvre.
De là, par son ordre, on publie à son de trompe l'abolition des im-

pôts, et on rend la liberté à tous ceux qui sont détenus pour dettes ou amendes, dont le fisc est la cause. Il prescrit ensuite à tout Napolitain, âgé de vingt à cinquante ans, de prendre les armes et de se réunir à lui. Cent trente mille hommes répondent à son appel. Il divise cette armée en quatre parts dont il confie le commandement à quatre chefs chargés, avec elles, de veiller sur la cité partagée en quatre parties. *Salvator Rosa*, l'artiste républicain, le peintre fameux, ami de Masaniello dont il a fait le portrait, commande une compagnie spéciale, celle des peintres, qui prend le titre de Compagnie de la Mort. Alors, toutes choses organisées ainsi en quelques heures, par des décrets qu'il scelle avec une plaque de métal suspendue à son cou, le jeune lazzarone monte sur une estrade qui domine la place, vêtu de son caleçon de toile et toujours armée de son épée. Là il passe la nuit et une partie du jour suivant à juger tous les personnages de la ville, Espagnols ou Napolitains, regardés comme coupables d'avoir prêté la main aux exactions du vice-roi. C'est un horrible spectacle, en cette nuit fatale, à la lueur rougeâtre des torches de voir et d'entendre tomber nombre de fois la hache du bourreau séparant du tronc la tête de ceux qui sont convaincus : car aussitôt condamnés, aussitôt exécutés. Souvent aussi la liberté est rendue à ceux qui démontrent leur innocence. Il n'est pas jusqu'aux faussaires et aux assassins qui ne soient immédiatement livrés à la mort. Le sang coule en ruisseaux sur le pavé : les cadavres attachés aux planches de l'estrade, aux murailles peintes de la forteresse de bois ou jonchant le sol, frappent les regards sur tous les points. Mais, c'en est fait, les prisons de Naples sont vides.

Le troisième jour de cette sanglante rébellion, alors que les milices espagnoles se sont renfermées dans Castel-Nuovo, le Castel

del l'Ovo, le Fortino del Carmine, et le Château Saint-Elme ; pendant que les bandes des insurgés courent dans les rues et gardent
la ville pour en éloigner tout désordre, le cardinal-archevêque,
Filomarino, se présente en plénipotentaire à Masaniello et lui demande à quelles conditions la ville peut rentrer sous le pouvoir de
son souverain légitime. Le tribun fait remarquer au cardinal-archevêque que la ville n'a pas cessé une minute d'appartenir à
S. M. Philippe IV, et, pour preuve, il lui montre les bustes et les
portraits du prince qui décorent toutes les rues; puis il ajoute que,
pour mettre fin à la rébellion, il ne veut que justice, et qu'il demande la remise entre les mains du peuple de l'original de l'ordonnance de Charles-Quint, proscrivant désormais toute gabelle.

Le cardinal remplit sa mission ; mais au moment où Masaniello
va reprendre sa place sur l'estrade du Largo del Mercato, cinq coup
d'arquebuse se font entendre tout-à-coup... Heureusement, pas
une n'a porté, et Masaniello est sain et sauf. Toutefois on saisit
les meurtriers, et ils sont aussitôt massacrés sans pitié. Enfin,
pendant que le peuple se réjouit du salut de son chef, on vient lui
présenter l'ordonnance de Charles-Quint ; mais Masaniello la déchire aussitôt avec colère et dit à ceux qui l'entourent :

— Les lâches ! Ils comptent sur mon ignorance... Ils me remet-
tent une copie de l'ordonnance, et non l'original ! Et, pour comble
d'injures, cette copie est falsifiée !...

Ainsi, en voulant désarmer la révolution, d'Arcos l'irrite davantage. Ne pouvant le tromper, on cherche à abattre le pauvre vendeur de fruits. Puis, comme on n'a pu le faire tomber par la violence, on va imaginer de le perdre par la ruse.

Le quatrième jour, Masaniello est convié près du duc d'Arcos
Naples.   8

pour travailler à un traité qui doit confondre les intérêts du roi avec les intérêts du peuple. Le dictateur refuse d'abord ; mais conjuré par le cardinal, qui est de bonne foi dans ses rapports avec lui, de ne pas faire au vice-roi le déplaisir de refuser tout accommodement, et pressé d'accepter par convenance les vêtements somptueux et le cheval de prix qu'on lui envoie pour cette conférence, Masaniello, fort à contre-cœur, se couvre de ces habillements inaccoutumés, monte à cheval, et suit l'archevêque. Tout le peuple l'entoure, admirant la noblesse de son port, la dignité et l'élégance du jeune héros cavalcadant avec autant de grâce que s'il n'avait fait que cela toute sa vie. Arrivés à la Vicaria, Masaniello fait signe au peuple de s'arrêter. Que se passe-t-il dans cette réunion ? Nul ne saurait le dire. Seulement comme Masaniello tarde beaucoup à descendre, la multitude s'impatiente et fait tapage. Aussitôt le vendeur de fruits paraît à un balcon, met un doigt sur la bouche, et fait un geste qui veut dire : Éloignez-vous. Tout se tait : la foule disparaît comme par enchantement. Le soir même un traité de paix est conclu : on doit le signer le lendemain.

Le lendemain, cinquième jour de l'insurrection, Naples offre un spectacle merveilleux de beauté. Les rues sont décorées de fleurs et de tapisseries ; les troupes espagnoles et les cent trente mille hommes de la milice plébéienne forment la haie ; la place du Marché est en fête, et l'église des Carmes resplendit de mille feux. Une grande cérémonie s'y prépare ; les cloches de toutes les églises l'annoncent, et l'archevêque, entouré de son clergé dans toutes les splendeurs des pompes religieuses, attend sous le beau clocher del Carmine. Enfin le cortége arrive sous le rayon du plus beau soleil du monde. Le duc d'Arcos et Masaniello, richement parés, suivis d'une nombreuse et brillante cavalcade, s'avancent vers le sanctuaire. On pénètre dans l'église del Carmine, où, après l'office, lecture du traité de paix, fait la veille, est donné au peuple. Masaniello, toujours sa même épée à la main, se tient près du lecteur et explique, en les commentant, les expressions de ce traité. Puis on chante le *Te Deum*. Enfin le cortége retourne à la Vicaria, où un banquet attend les principaux acteurs de cette scène. Masaniello n'a pu s'exempter d'y assister. Placé à table à côté de la duchesse d'Arcos, celle-ci lui présente son bouquet, puis, mis en demeure de boire à la santé du roi, on lui verse un rouge bord. Masaniello aspire avec galanterie le parfum des fleurs et d'un trait vide le rouge bord. Mais aussitôt il porte sa main droite à sa tête et la main gauche à son cœur. Sa tête est en feu, sa poitrine brûle. L'infortuné vient d'aspirer et de boire un poison, mais un poison qui ne tue pas, un poison qui rend fou !

Oui, Masaniello est fou, et, le sixième jour, tous ses actes sont des actes de folie. Ses ennemis profitent de cette démence, le fruit de leur crime, pour travailler les mauvais instincts du peuple. On lui fait croire que Masaniello veut se faire roi, que Masaniello songe à mettre Naples sous son joug. On rappelle sa tenue royale à cheval, son autorité à l'église del Carmine, son despotisme sur la place du Marché. Le peuple est facile à changer, tu le sais, ami : le peuple de Naples, les ignorants lazzaroni se refroidissent pour leur idole, ils méconnaissent leur sauveur. Pour eux, Masaniello cesse d'être un héros !

Aussi, le septième jour, alors que la fièvre du sang s'est un peu calmée chez le pauvre enfant d'Amalfi, comme il entend sonner la cloche qui appelle à son église del Carmine, car c'est la fête de N.-D. du Mont-Carmel, il se lève, fait sa prière, quitte sa maison du Largo del Mercato, et se rend à sa paroisse. Il prie avec ferveur pendant la messe, et, l'office terminé, monte en chaire. Sur son visage plane une profonde mélancolie : sa voix est triste ; il y a de l'abattement, du désespoir dans toute sa personne

— On a dit que je voulais me faire roi ! murmure-t-il. Moi, fils de pêcheur, moi, vendeur de fruits, moi, j'ai jamais songé à me faire roi ! Qu'un tel blasphème retombe sur ses auteurs ! Mais, par ce Christ, mort pour notre salut à tous, je jure que je ne suis pas coupable d'un tel crime ! Je n'ai souhaité autre chose que donner ma vie pour te délivrer du vol et de la rapine, peuple de Naples. Maintenant puisqu'on ne me comprend pas, et qu'on m'accuse, je je me retire, adieu ! Seulement, quand sonnera l'heure de mon trépas, et cette heure est proche, amis, priez, oh ! priez pour le pauvre Tommaso Aniello !

Il dit, descend et va s'éloigner. Mais la foule gronde sourdement. Masaniello promène sur elle un regard sombre, plein de reproches, puis il franchit lentement une porte qui ouvre sur le cloître du monastère des Carmes. Il est à peine hors de la nef latérale, que trois coups de feu retentissent, et... trois balles lui percent le cœur...

Cette fois, c'en est fait, Masaniello est mort !...

L'un des meurtriers lui coupe la tête, et, cette tête sanglante à la main, traverse la ville, courant la déposer aux pieds du duc d'Arcos, qui la regarde, et la fait jeter dans les fossés de Naples. Les deux autres assassins saisissent le cadavre de l'infortuné, le mutilent cruellement sur la place du Marché, le traînent dans la fange, le promènent dans les rues, le mettent en pièces, en dispersent les lambeaux, et plongent ses ossements dénudés, dans les mêmes fossés où git la tête, qu'ils bafouent et couvrent d'outrages. Mais deux jours après, la disette du pain se faisant sentir, les lazzaroni appellent leur martyr, qui ne répond plus à leurs voix... Partout ce n'est que pleurs et gémissements. Tout l'amour du peuple pour sa victime lui revient au cœur. On cherche sa dépouille : on en réunit toutes les parties lacérées, tous les fragments brisés. On les place sur un brancard, on ceint la tête d'une couronne de fleurs, on lui met l'épée, son épée des sept jours, à la main, on lui ajuste un manteau de roi. Puis on le promène dans la ville.

Hélas ! il n'est plus temps : Masaniello est trépassé, et le duc vit ! C'est en vain que le défunt est porté à Santa-Chiara, où le cardinal-archevêque célèbre pour lui l'office des morts ; c'est en vain qu'on le conduit ensuite à l'église del Carmine, où on l'enterre avec les cérémonies des princes, jamais plus Masaniello ne se lèvera pour rendre à ce peuple ingrat la liberté dont il a besoin...

Hier, mon cher Achille, j'ai cherché la fosse de Masaniello dans l'église del Carmine : rien ne la signale ; et quand je l'ai demandée, on m'a regardé de travers... Je ne lui en ai pas moins donné un souvenir...

Au jour qu'il est, l'Espagne règne encore à Naples, dans la famille de Charles III, fils de Philippe V et d'Élisabeth Farnèse, lequel Philippe V, par son père, chef de la maison des Bourbons d'Espagne, fils du dauphin Louis de France et petit-fils de Louis XIV, descend de notre Henri IV. Oui, l'Espagne règne encore à Naples dans la personne de Ferdinand II de Bourbon. Mais c'est assez de cette généalogie. Quant aux Lazzaroni, une fois encore, à l'arrivée des Français dans Naples, à l'époque où nos armées républicaines faisaient la conquête du monde, ils se montrèrent ardents et pleins de l'amour sacré de la patrie, en luttant, non sans honneur, contre Championnet, qu'on leur disait vouloir détruire leur indépendance. Mais ce fut le dernier moment de cette classe d'hommes. Les gouvernements qui se sont succédé depuis cette époque, ont cherché à éveiller en eux le sentiment de la propriété, et celui du besoin du travail. Ces efforts ont été couronnés d'un heureux succès. Les lazzaroni disparaissent peu à peu tous les jours. Il y a maintenant à Naples des hommes pauvres, mal vêtus, ignorants, abrutis : ils sont à peu près ce que sont nos *chiffonniers* de Paris, et les *mob* de Londres. Peut-être même, parce que la misère est plus grande à Naples, ces infortunés y sont-ils plus nombreux. Voilà ce qui fait croire encore l'existence du lazzarone : mais le vrai lazzarone, le lazzarone pur sang s'efface ; hâte-toi de venir à Naples si tu tiens à voir les derniers débris de cette race, ne conservant de l'humanité que de belles formes et de magnifiques têtes.

Je m'en tiens là, car il me suffit de t'avoir parlé de ton cher Masaniello. Avec lui, cette lettre sera mieux venue encore près de toi, peut-être, quoi que notre vieille amitié n'ait besoin d'aucun auxiliaire : entre nous, n'est-ce pas à la vie et à la mort?

VALMER.

A MADAME DUBREUIL, A PARIS

Un dîner chez Frisi. — Soirée sur le Pausilippe. — Une tempête sous un beau ciel. — Comment se balaient les rues de Naples. — Mœurs napolitaines. — Le réveil de la ville. — Les forçats. — Le marché de Santa-Lucia. — Chansons et guitares. — Les Religieux et les Abbés. — Les petits moines. — Où l'on voit porter le saint Viatique. — La façon de pêcher les provisions dans un panier et l'argent dans les poches. — Un déjeuner confortable. — A Naples, la belle moitié de l'espèce humaine l'emporte de beaucoup sur la laide moitié. — Où l'on circule dans la ville. — Coiffeurs et perruquiers. — Pétarades devant les églises. — *San Pietro ad Aram.* — Exploits d'un *corricolo* · — Où une canne française bat la mesure sur un dos napolitain. — Emotion populaire. — La *Jettatura* à Naples. — Rencontre d'un *Jettatore.* — Moyen de se défendre du mauvais œil. — La colonie française. — Les églises. — Cathédrale de Saint-Janvier. — *San Domenico.* — *Santa Chiara.* — *Jesu Nuovo.* — *Santa Trinita Maggiore.* — *San Philippo Neri.* — *San Giovanni à Corbonara.* — Le tombeau de Caracciolo. — La *Cheisa del Purgatorio.* — Giotto à l'*Incoronata.* — Un sermon à l'*Annunziata.* — Piété des Napolitains. — Le culte en général. — La Chapelle de *Santa Maria della Pieta.* — Ses curiosités — L'*Eglise del Carmine.* — Le Crucifix miraculeux. — La Madone de l'Arc. — Obsèques d'un amiral. — Le Campo Santo. — Usages. — Le cimetière au clair de lune. — Le choléra à Naples. — Le couvent des Camaldules. — La Chartreuse de Saint-Martin. — Le Vomero et ses villa. — Promenades nocturnes sur le golfe. — Incendie en mer. — Les ruines du *Théâtro Antico.* — Le Théâtre de Saint-Charles. — La sonnambula. — Marivaudage.

Naples, 12 septembre 185...

Ma très-chère amie,

Je suis dans un pays plus charmant que le plus beau des rêves, plus poétique que le meilleur des poètes, plus parfumé que le royaume des fleurs : je suis à Naples. Rien de plus ravissant que cet immense amphithéâtre de palais, de collines, de bois embaumès, baignés par la mer ; rien de plus délicieux que cet éternel ciel bleu. Quand je dis éternel, je me trompe.

L'autre soir, j'avais pris une carossella pour me faire conduire au Pausilippe. La *carossella* est une petite voiture découverte, dans laquelle, sans crinoline, bien entendu, on peut tenir jusqu'à deux, et que conduit un pauvre petit cheval maigre, mais d'assez belle robe, qui va comme le vent. Ce petit cheval n'a pas de mors ; pour le remplacer, la bride, garnie de cuivre, lui serre le nez, généralement le lui écorche et y fait une plaie saignante ; alors il suffit de cette cruelle pression pour diriger l'animal, qui obéit sans hésiter jamais. J'avais rendez-vous avec Emile et son gouverneur pour dîner, sur le rivage du golfe, près du Palais de la Reine-Jeanne, chez *Frisi*, le Véfour de Naples, et y manger un potage aux vengoli, abominable mets et dîner plus détestable encore. Cette colline du Pausilippe, dont le nom grec signifie *Cessation de la Tristesse, Pausis Lupès,* me dit Emile, a quelque chose de si flatteur pour la vue qu'un touriste anglais, après avoir parcouru le monde entier, attaqué du spleen, et près de mourir à Naples, exprima le désir, par son testament « d'être placé debout, sur la cîme du Pausilippe, afin d'avoir toujours *sous les yeux* le site le plus admirable de l'univers entier. » On exauça ce vœu, appuyé d'un legs considérable, et, dans une sorte de guérite en marbre, demeure et se momifie, debout, le cadavre du touriste anglais. De Piédigrotta l'on découvre ce sépulcre excentrique.

h bien ! lorsque, enivrés de poésie, en face du spectacle magi-
offert par le paysage baigné par une mer plus bleue que le ciel, par un ciel plus bleu que l'azur, éclairé par un soleil d'or qui se couchait dans la pourpre, rafraîchi par des brises se jouant

dans les feuillages de myrthes, de lauriers-roses et d'orangers aussi
verts que le printemps, nous rentrions dans Naples pour faire le
corso sur la Chiaja, voici que, sans que nous ayons rien vu venir
au firmament, éclate un coup de vent d'une telle violence que je
crus emportée dans le golfe ma trop légère carossella. Nous fîmes
toucher immédiatement à notre Hôtel de Rome. C'était bonheur,
car à peine pénétrions-nous dans notre appartement que soudain
un second coup de vent, plus violent que le premier, enfonça l'une
de nos fenêtres, fit battre nos persiennes avec rage, et secoua si
rudement les volets de la ligne des quais qu'il y eut un vacarme
d'enfer. En même temps, un éclair ayant sillonné la nue noire qui
avait inopinément caché le ciel, une détonation de la foudre fit
entendre une explosion formidable, et alors les cataractes d'en
haut s'ouvrirent, versant leurs eaux en cascades et en trombes.
Puis, tout-à-coup encore, il ne fut plus question de vent, d'éclairs,
de foudre et de pluie; le ciel redevint bleu et reprit sa sérénité, les
derniers feux du soleil couché rayonnèrent, et on put jouir de la
plus délicieuse soirée.

Ainsi se passent les choses; à Naples, et c'est d'un grand avanta-
ge; car, comme on ne balaie jamais les rues, elles seraient d'une
immonde saleté, si le ciel, qui semble avoir adopté le peuple napolitain pour ses enfants chéris, ne se chargeait de l'entreprise.
Après ces déluges, répétés de semaine en semaine, ou a peu près,
la ville est nettoyée. Mais il faut voir quelle masse d'eau inonde
Naples alors, et quel gigantesque balayage, rappelant celui des
écuries d'Augias, l'un des douze travaux d'Hercule ! La tourmente
est parfois si violente, que tout mouvement d'hommes, d'animaux,
et de voitures cesse instantanément dans toute la ville; pendant
une heure Naples ressemble à un tombeau; pas un être vivant

dans les rues. Aussi raconte-t-on qu'une dame, s'étant obstinée à braver la tempête, fut entraînée à la mer avec sa voiture, ses chevaux et ses gens.

Heureusement qu'à raison de leur voisinage du Vésuve et par crainte des fréquents tremblements de terre de la contrée, les maisons de Naples ont des fondations profondes et solides, et sont fermées de murailles d'une épaisseur extraordinaire ; sans cela je croirais, en vérité, que la fureur des éléments, un instant déchaînés, accumulerait bien des ruines.

Maintenant, ma toute bonne, je vais te donner l'idée de la façon dont nous vivons à Naples, et te peindre l'emploi de nos journées.

D'abord nous nous levons d'assez bonne heure, car le peuple est fort matinal, plus matinal que le soleil, et, comme quand un certain roi avait bu, la Pologne était ivre, ici, quand le peuple ne dort plus, personne ne doit plus dormir. Couché vers minuit, il est debout à cinq heures, et dès-lors le tapage commence. Cela se conçoit ; on ne respire bien que dehors, à Naples, à moins d'avoir d'immenses appartements. Or, le peuple qui ne demeure que dans les bouges de rues étroites et impures, vient aussitôt que possible sur les quais, et tout d'abord il cherche à y gagner quelques sous le plus vite possible, afin de s'ébaudir au soleil et de ne plus rien faire de la journée.

— Fais-moi cette commission... dites-vous à un lazzarone couché sur les dalles de Santa-Lucia, en le poussant du pied en en lui montrant une pièce blanche.

— *Non, Esselanza, o per manggiar !* répond-il.

— Très-bien ; tu as pour manger aujourd'hui, mais demain ? ajoutez-vous.

— *E, Dio !* fait le lazzarone, en montrant le ciel d'un geste admirable.

Ainsi donc, vous le voyez, cet homme compte sur la Providence. En effet, pourvu que le Napolitain ait du soleil, le grand air, des fruits et de la neige, dont on recueille des masses énormes, pour fabriquer son *aqua fresca*, il est heureux. Son caractère se refuse au chagrin, et il ne lui faut que le *dolce farniente*, c'est-à-dire un *doux ne rien faire*, le nonchaloir.

Donc, dès le premier rayon de soleil, il n'est plus possible de dormir. Ici, c'est un guitariste qui, sous vos fenêtres, fait entendre sa romance favorite et répète sans cesse le refrain *Santa Lucia ! Santa Lucia !* Là, c'est un compère qui, en guise de trompette, de sa bouche en cœur glapit cet horrible nazillement de Polichinelle que tu sais, et appelle les amateurs autour de lui. Enfin ce sont des cris, des sifflets, des voitures, des clairons, des trompettes, des marches de régiments, des défilés de canons, que sais-je ? toutes choses qui forcent le songeur à sortir du lit.

Alors, pour respirer l'air pur du matin, jouir de l'aspect du golfe qui rutile, des collines qui verdoient, des quais qui poudroient, et surtout afin de promener un œil curieux sur le Largo Santa Lucia, dont l'aspect égaie, nous nous mettons à la fenêtre. Cette étude de mœurs a quelque chose de saisissant, de fantastique qui sent la Bohême, qui nous intéresse et nous fait mieux connaître le pays où nous nous trouvons. Voici la mise en scène du spectacle : Nombreux lazzaroni, couchés sur les dalles les uns, les autres debout, ceux-ci mangeant, ceux-là jargonnant avec une verve intarissable ;

ici écoutant Polichinelle et ses farces, là répétant en chœur i ctcr
nel Santa Lucia ! la *Canzone Marinaresca* la plus en vogue à cett
heure. On s'éveille dans toutes les maisons qui bordent le quai.
D'un quatrième, d'un sixième étage, une jeune ménagère, le bust
en désordre, ou une vieille matrone, la face grinchue, afin de s'é
pargner la fatigue de l'escalier, descendent à l'aide d'une longur
corde un large panier que les fournisseurs, qui passent et les on¹
appelées d'un cri particulier, remplissent de provisions. De nombreux forçats, de jaune et de rouge vêtus et coiffés, conduits par la
force armée, arrivent du Château de l'Œuf, et, comme des troupeaux de moutons, se rendent sur divers points de la ville, pour
les travaux publics qu'ils doivent exécuter. Le groupe le plus considérable s'arrête près de notre demeure, à la porte de l'arsenal,
où des marchands de tabac, des vendeurs de fruits, de ravioli,
d'acquajolo, etc., spéculant sur leur présence, séjournent d'ordinaire pour les approvisionner au passage. Là commencent les causeries bruyantes et les rires joyeux. Les vendeurs se font gracieux,
les soldats joviaux, et les forçats sémillants ; chacun y met du sien
pour amuser la galerie de matelots et de passants qui se forme à
l'entour. Des Calabraises, dans leur costume pittoresque, nous
voyant attentifs, font entendre un roulement préliminaire de leur
tambour de basque, et, le sourire aux lèvres, les voici en danse,
manœuvrant des hanches et du torse, se cambrant, se tordant, se
jetant en avant, en arrière, pour exécuter leur ardente tarentelle,
tout en chantant, tout en marquant la mesure au son du tambourin. Après elles, les petits lazzaroni dont la cupidité se trouve
éveillée par nos largesses, nous crient :

— *Uno grano, una piccola moneta, per manggiar macaron ?*

et dans leur sourire, ils vous montrent des dents qui n'ont besoin ni de pierre ponce, ni d'opiat pour briller du plus bel émail. Remarque bien que, dans son patois, le Napolitain, j'entends l'homme du peuple, ne fait jamais sentir la dernière syllabe du mot italien : elle reste dans la bouche. Ainsi dira-t-il *macaron* au lieu de *macaroni*, et il appellera son cher saint Janvier *san Gennar*, au lieu de *san Gennaro*. Les pêcheurs, arrivant de la haute mer, abordent au rivage et amarent à l'estrade leurs barques chargées de poissons frétillants et de mollusques qui baillent au soleil. Or, comme Santa-Lucia est le quai de la marée, on les voit qui étalent leurs articles sur les tables et entonnent leur effrayant concert de cris et d'appel aux amateurs. Déjà de graves personnages, tout de noir habillés, montent de la riviera di Chiaja, et, cachés sous le vaste parasol blanc dont les Napolitains ne se font pas faute sous l'inexorable soleil de leur ville, ils se rendent à leurs affaires. Puis, défilent, à grands bruit de grelots, de nombreux équipages à trois chevaux emplumés et pomponnés, qui conduisent des touristes à Cumes, à Baïa, aux antiquités de Pouzolles et de Misène, à la Solfatare et dans les Champs-de-Feu. Les carrosselle, à un carlin la course, soit quarante-cinq centimes, et des calèches de choix, prennent place en face de notre hôtel pour y attendre la pratique. Des bandes de religieux, de tous ordres et de tous costumes, se mêlent et se croisent, se dirigeant sans doute vers des églises ou des monastères. Côte à côte avec eux, cheminent de petits enfants dont la vue nous amuse beaucoup. Ils sont vêtus en moines, petite robe de bure blanche, ou noire, ou brune, scapulaire par-dessus, et à l'entour de la taille, ceinture de cuir ou corde de chanvre. Que signifie ce travestissement pour des enfants du plus bas âge? Le voici : En France, il arrive à bien des mères, à beaucoup de familles, de vouer leurs enfants au blanc ou au bleu, jusqu'à un certain âge. C'est un sentiment pieux qui fait mettre ainsi ces petits êtres sous la protection de la sainte Vierge. C'est le même sentiment religieux qui anime les Napolitaines. Elles consacrent au Seigneur, jusqu'à six, douze ou quinze ans, leurs fils qui deviennent ainsi, pour un temps, de petits capucins, de petits camaldules ou des franciscains en miniature, et leurs filles, qui sont admises chez les visitandines ou les annonciades, etc. Rien de plus curieux que ces jolies têtes de frais et joufflus *amorini* affublés du hoqueton et de la cuculle. On serait tenté de les embrasser dans la rue. Rien de plus original encore que ces nombreux petits abbés de dix à douze ans, qui pullulent dans Naples, portant fièrement leur petit collet, et se coiffant du tricorne d'une façon plus ou moins drolatique. Aux moines succèdent des files de jeunes gens, vêtus de soutanes violettes, bordées de liserés et de boutons rouges. Ce n'est pas autre chose que des virtuoses composant les maîtrises des paroisses et se transformant plus ou moins vite en artistes, dont le talent musical fait quelquefois bruit plus tard. Mais, silence! Que veulent dire ces tintements répétés de clochettes qui s'échappent de l'église Santa-Lucia, notre voisine? Le poste de l'Arsenal prend les armes et bat aux champs; des matelots se détachent du corps-de-garde et se placent à la porte de l'église. Au son des clochettes, les cris du quai cessent soudain; cent fenêtres s'ouvrent et laissent voir des visages recueillis; tous les passants se découvrent la tête, les voitures s'arrêtent, beaucoup de ceux qui les occupent, descendent, et leurs cochers mettent pied à terre. On s'agenouille de toutes parts; il se fait un moment de silence solennel qui ressemble à la prière. Alors apparaît, sortant de l'église, un homme ayant endossé une longue tunique rouge, bordée de jaune par-dessus des habits de prolétaire, et, les mains armées de sonnettes retentissantes qu'il vibre des deux bras levés en l'air. Il les laisse retomber avec mesure, recommence ce mouvement gymnastique sans paix ni trève, et s'avance majestueusement dans la rue. il est suivi d'un enfant affublé d'une semblable tunique, quelquefois trop longue pour sa taille, et qui porte au dos, dans une sorte de tabernacle, les objets nécessaires à la circonstance. Enfin vient un prêtre, en habits sacerdotaux, qui tient dignement le ciboire sacré, que les marins, tête nue, couvrent d'un dais de soie blanche et qu'accompagnent deux rangs de matelots. C'est le Viatique que l'on porte à un malade. Une foule, qui grossit à chaque pas, fait suite au cortége sacré. Mais à peine s'est-il éloigné que le mouvement et le bruit, un instant suspendus, reprennent de plus belle. Pulcinella vagit ses chants nazillards avec une verve nouvelle ; les guitares exécutent des battements plus joyeux ; le tambourin s'émeut six fois plus fort, et les poitrines des marchands de poisson se dédommagent par de formidables explosions. Le fouet fait justice du retard et donne des jambes plus dégourdies aux poneys, en un mot le quai redevient tapageur au possible. Aussitôt des frères mendiants s'arrêtent devant nous, et, saluant d'un sourire, nous montrent leur sac ouvert. Nous comprenons la pantomime, et une pluie de *tornesi* (1) s'échappe des mains de mon Émile ou de M. Valmer. Mais ne frappe-t-on pas à la porte de notre appartement ? Oui, et, Dieu me pardonne ! c'est un de ces frères quêteurs qui vient nous baragouiner une requête à laquelle nous ne comprenons rien, si ce n'est qu'il sera satisfait d'une *piccola moneta*, sous forme de deux ou trois *carlini*. Mais ceci est mieux encore.

---

(1) A Naples,	une *piastre*	vaut 12 carlins,	soit	5 f.	10 cent.
	un *ducat*	10		4	24
	un *taro*	2		0	85
	un *carlin*	10 grains		0	42
	un *grain*	0		0	21
	un *tornese*	0			

N'apercevons-nous pas un de ces bons frères qui, muni d'une perche à l'extrémité de laquelle est attachée une sorte de bourse, longe la grève, au-dessus du mur du quai, et promène son récipient de barques en barques, partout où il voit des touristes en humeur de faire une fugue sur le golfe, à cette heure matinale? Pendant que M. Valmer me montre cette nouvelle façon de quêter, Emile m'en désigne une autre du doigt. C'est un des frères mendiants qui, voyant une manne de provisions prête à faire l'ascension d'un cinquième étage à l'aide de la corde, sourit à la servante, qui répond par un signe de tête affirmatif, et notre moine de prendre le dessus du panier, c'est-à-dire de s'adjuger ce que bon lui semble et d'exécuter cette razzia avec une prestidigitation que ne désavouerait pas Robert-Houdin.

Cependant mon fils, dont l'estomac bat la diane au point du jour, et fait entendre la chamade à neuf heures, part pour le café de l'Europe, au Largo San-Ferdinando, près de Tolède et de San-Carlo. Donzelli passe pour le premier glacier de Naples, et c'est chez lui que se rend la bonne société, non-seulement en l'honneur de ses glaces et de ses sorbets, mais aussi pour ses déjeuners et ses dîners. Du reste, Emile se garde bien de déjeûner à la façon napolitaine. Il dédaigne le petit pain trempé dans un sorbet ou une glace, avec accompagnement d'un verre d'eau glacée. Je trouve, d'ordinaire, en face de monsieur, quand nous allons le chercher, des *frutti di mare* de premier choix, étalés sur leurs algues vertes, des cailles de Capri, finement rôties, une grasse anguille des Marais-Pontins, quelque curiosité culinaire nouvelle, enfin de ces délicieuses petites figues fraîches, rouges de sang au-dedans, dont Fenimore Cooper aimait par-dessus tout la saveur, et de ces exquises petites oranges de Palerme que nous connaissons sous le nom de *mandarini*. Et, pour arroser le tout, un vin de Falerne, ce vin brûlant, chanté par Horace, rien, rien que ça! Pour moi, plus modeste, je me contente du classique *cioccolata*, pris à l'hôtel, et qui mérite bien la réputation que Naples a faite à ses chocolats.

Émile, une fois lesté, nous voici circulant dans cette ville de Naples, que peuplent 203,000 hommes et 214,000 femmes. Tu vois, ma très-chère, que notre sexe l'emporte sur l'autre, le féminin sur le masculin, le beau sur le laid, de sorte que si nous voulions faire une révolution dans le royaume des deux-Siciles, notre force numérique aiderait à nos ruses félines, et nous aurions des triomphes. Donc, le nez en l'air, le front au vent et les yeux jouant de la prunelle, nous cherchons fortune, c'est-à-dire nous étudions de près, dans ses mœurs et dans ses habitudes, cette étrange population napolitaine. Certes! tout homme aime sa tête, rien de plus naturel! Mais il n'est pas un être au monde comme l'Italien pour prendre soin d'orner son chef, et tenir à ce qu'il soit toujours et partout, calamistré, lustré, lissé, musqué, pommadé, bouclé et rasé de frais. Ce qu'il y a de *frisori* à Turin, à Bologne, etc., est incalculable. Par le nombre, c'est le premier corps d'état de la péninsule. Mais à Naples, c'est mieux encore. Il n'est pas un **largo**, pas une strada, une via, un vico, un vicolo, voire même une calata et une salita qui ne compte par douzaines les *sallassatori*, les *perruchieri*, car on en est encore à ce vilain mot de perruquier à Naples. Je dois dire, à la gloire de la France, qu'à Naples les coiffeurs les plus en vogue sont français. Quant aux coiffeurs napolitains, ils signalent leurs *établissements* par l'application, au-dehors, de quinze à vingt plats à barbe en cuivre, étincelants et de grande dimension. Cette sortes de miroirs aux alouettes produit sur l'homme le même effet que sur les pauvres oisillons, et amène la pratique.

Rien n'est fatigant comme de circuler dans Naples. La marche y est constamment entravée par dix mille obstacles. Il n'est pas jusqu'aux églises qui ne dressent, en avant de leurs façades, de somptueux et vastes reposoirs, rétrécissant la voie publique. Cela veut dire que c'est fête dans l'église, et à Naples, c'est fête presque tous les jours. Aussi, gare aux pétarades de deux à trois cents boîtes, pendant les offices, et le soir, grrrrand feu d'artifice. Mais ce n'est pas tout. Les rues sont occupées, remplies, comblées par tous les corps d'état, et ces milliers d'artisans de toutes sortes, sans s'inquiéter en rien du passant, du flâneur, du touriste curieux, travaillant en pleine rue, au risque de vous éborgner, de vous meurtrir et de vous fouler. C'est un système commode pour le Napolitain qui aime le grand air, mais malsain et parfois fatal pour celui que ses affaires appellent au-dehors. Ainsi, nous connaissons dans la Colonie-Française un monsieur, qui, en passant dans une rue, assez large cependant, faillit être transpercé par la lame d'une épée, qu'un armurier, qui la fourbissait, poussa rudement en avant, sans s'inquiéter si quelqu'un venait à lui. A cette occasion, ma chère Pauline, je vais te conter une aventure dont nous avons failli rester victimes.

C'était un matin, dans le quartier le plus encombré de Naples, près du Mercato del Carmine, où grouillent les descendants du fameux Thomas Aniello, Masaniello, si tu aimes mieux. Les églises n'étant habituellement ouvertes qu'à l'heure des messes, nous les visitions. Nous sortions de la petite *Chiesa di San Pietro ad Aram* où la tradition raconte que saint Pierre, accompagné de saint Marc son disciple, étant parti d'Antioche, la neuvième année après l'Ascension de N. S., vint élever le premier autel de Naples, et y célébrer la première messe après de longs voyages, etc., et nous pénétrions dans la longue *Strada Egiziaca Forcella*, lorsque nous voyons venir, d'un côté, un troupeau de bœufs aux cornes menaçantes, et, de l'autre, un corricolo lourdement chargé. La rue, remplie d'ouvriers agissant en tous sens, ne nous offrant aucun abri, nous nous rejetons au plus vite dans la rue transversale la plus proche, étroite et sale, celle même qui va de San Pietro ad Aram au Largo del Mercato, la *Strada Lavinajo*. Mais celle-ci est plus encombrée encore. Par une étrange fatalité, le terrible corricolo tourne, comme nous, et s'engage à fond de train dans la Strada Lavinajo. Emile, marchant en avant, se trouve dégagé; mais M. Valmer et moi, qui le suivions, nous sommes serrés de si près dans le sillon, à peine ménagé au milieu de la rue par les vendeurs et les ouvriers, qu'il ne nous reste d'autre moyen d'échapper à la poursuite du corricolo, que de nous ranger contre des sacs de fruits. A peine collés contre ces sacs, le corricolo fond sur nous, et va m'atteindre... Nous reculons, les sacs tombent, nous tombons avec eux. Mais ma chute est si heureuse, au point de vue gymnastique, que mes deux jambes sont repliées sous moi. Quant à M. Valmer, moins prompt dans ses mouvements, et me croyant blessé, il s'affaisse à son tour, mais ne peut plier que la jambe droite; l'autre, repoussée par les sacs, s'allonge forcément en avant, et la voilà... sous la roue de l'infernal corricolo, chargé de dix-sept à dix-huit corps de lourds paysans, et de grosses paysannes de Pocignano ou de Ponticelli!... Juge de notre effroi ! Emile a vu l'accident. De sa canne il fait pleuvoir à grands tours de bras une grêle de coups sur le dos du cocher, et sur les épaules des paysans, qui baissent l'échine, mais ne s'arrêtent pas pour si peu. M. Valmer, lui, rassuré pour moi en me voyant sourire, songe à sa jambe. Il lève le bas de son pantalon. Un affreux sillon violacé, sanguinolent, aux lèvres déchirées, se montre... A cette vue, notre homme n'a que le temps de se soulever, et, avisant un ignoble fauteuil délabré, qu'un savetier, travaillant en pleine rue, quitte à l'instant même, il se jette dessus, et s'évanouit... Grand émoi dans la Strada. Un rassemblement se forme; les femmes m'environnent, se saisissent l'une de mon ombrelle, l'autre de ma mantille; elle font autour de moi un concert de plaintes et d'effroi de toutes sortes. Cependant déjà trente personnes entourent notre ami. Un capucin le prend par le bras droit et lui tâte le pouls; un soldat lui saisit le bras gauche et lui frappe dans la main. Puis survient le savetier, qui, s'emparant d'un vase rempli d'eau dans lequel trempe du cuir, de sa grosse main noire, asperge le visage de M. Valmer, et lui promène ses doigts mouillés sur le visage. Hélas! ces mains... déteignent, il faut voir! sur le front, sur les tempes, sur les joues, sur les lèvres du patient... Bientôt, sous cette opération, la face du bon Valmer se change en une tête de nègre, et une immonde pluie dégoutte sur sa chemise blanche. Heureusement, le blessé revient à lui et semble tout étonné de se trouver, comme un criminel sur l'échafaud, entre un soldat et un capucin. Mais il se rappelle bien vite l'aventure, et voulant mettre fin à cette scène, il se lève, essaie de marcher, sent que sa jambe n'est pas fracturée, s'avance alors avec effort, et monte dans un carrossello qu'Émile a fait venir en hâte. Toutefois, comme nous apercevons une pharmacie, nous y entrons. Le chef de la maison juge très-grave l'accident, reconnaît son incompétence, et néanmoins profite de l'occasion pour nous faire payer au prix d'une piastre une fiole... d'extrait de saturne d'une valeur de vingt grains. Nous quittons alors la foule qui nous entoure encore; que nous saluons et qui nous adresse mille

vœux, surtout les femmes, et nous courons aux *Gradoni di Palazzo*, où le savant signor Berncastle commence, séance tenante,
par purger M. Valmer, qui rit le premier de l'originalité du fait,
puis prescrit des sangsues et envoie notre pauvre ami se coucher.

En somme, M. Valmer en a été quitte pour six jours passés au lit.
Le docteur Contini, le plus habile médecin de Naples, homme très-
distingué, marié à une française et français de cœur, lui a donné
les soins les plus éclairés, et il n'a pas été trop à plaindre. Mais,
en réalité, nous devions un cierge à San Pietro ad Aram, et il l'a
eu. Les braves gens de la Strada Lavinajo, et notamment le savetier, ont aussi reçu nos largesses ; car nous pouvions être tués, ou
au moins irréparablement blessés par le carricodo, tant est grande
l'incurie de la police de Naples...

— Ἀνάγχη ! a dit Victor Hugo dans sa Notre-Dame de Paris.

— C'était écrit ! s'écrie l'Arabe, quand lui survient un malheur.

— Fatalité ! murmure l'homme du Destin.

— *Jettatura !* fait le Napolitain.

Le Napolitain croit à la jettatura et aux *jettatori !* On n'entre pas
dans une maison de Naples, qui se respecte tant soit peu, sans voir
à la porte principale, dans le vestibule, ou à une entrée quelconque, une effroyable paire de cornes qui menacent de vous embro-
cher. C'est contre la jettatura et le jettatore que ces cornes agissent.
C'est le talisman le plus énergique pour repousser les maléfices,
le mauvais sort, tout sortilége généralement quelconque dirigé contre la maison et ses habitants, car *jettatura* veut dire *sort jeté* ;
pour éborgner le *mauvais œil*, car jettatori signifie homme qui
jette un sort en vous regardant de travers.

Vous ne rencontrez pas un Napolitain, voire le plus vulgaire, comme la plus fashionable des Napolitaines, qui ne porte à sa montre, en guise de breloques, une longue petite corne de corail, ou une main de même matière, dont le pouce et les doigts du milieu sont fermés, tandis que l'annulaire et le petit doigt sont tendus, et vous font des cornes. C'est donc là l'antidote, le préservatif et la sauvegarde contre les sortiléges et les donneurs de sorts, jettatura et jettatori.

Les jettatori sont nombreux à Naples, et fréquentent la jettatura. On le dit du moins, et surtout on le croit.

A notre arrivée à Naples, nous avions des lettres de recommandation pour divers membres de la Colonie Française. Nous nous empressâmes de les porter. On appelle *Colonie Française* les familles de France venues à Naples pour y exercer la banque, le commerce, ou pour y vivre peu importe dans quel but. Elles font corps de nation, au nombre de trois mille membres peut-être, et, sans se voir, sont désignées sous le titre de Colonie Française, uniquement parce qu'elles ont pour appui naturel, dans les difficultés qui peuvent se rencontrer au vis-à-vis du gouvernement et des particuliers, le consul et l'ambassadeur de France. Or, la première question que l'on nous adressa dans l'une de ces familles la mieux posée, fut celle-ci :

— Avez-vous des cornes ?

Et, sur notre réponse... dubitative d'abord, puis absolument négative après explication, on nous donna, très-chaleureusement et d'une façon sérieuse, le conseil de nous munir de ces précieuses amulettes destinées à nous préserver de tout danger. Pour assurer davantage notre salut corporel, et nous déterminer à prendre des mesures de prudence, on poussa même le dévouement et la générosité jusqu'à faire don à mon fils d'une charmante petite corne montée en or, d'une part, et de l'autre, comme on jugea que j'avais fait la sourde oreille, et que je me montrais récalcitrante à l'endroit de la jettatura, un beau matin je trouvai ma montre décorée d'une délicieuse petite main du plus beau corail rose faisant les plus jolies cornes du monde à tout venant.

Restait M. Valmer qui n'était pas pourvu. Je songeai bien à le mettre à l'abri de tout danger, en lui donnant une main d'ivoire que j'avais vue chez Giustiniani, à Tolède. Mais le souvenir de son péril s'enfuit de ma mémoire. De son côté, le digne homme dédaigna la sauvegarde du talisman, et même se permit maintes railleries à l'endroit des cornes. Aussi, quand advint le terrible accident qui faillit lui coûter une jambe, et qu'il en fut question à la Colonie Française :

— Aviez-vous une corne? lui demanda-t-on.

— En vérité, je ne le crois pas... fit-il. Je pourrais presque dire : Non !

— Alors jettatura ! cria-t-on de toutes parts.

— N'avez-vous pas rencontré, la veille de votre accident, ou dans les jours qui l'ont précédé, quelqu'un qui vous aura regardé d'une façon méphistophélique? dirent à notre blessé les visiteurs entourant son lit.

— J'ai souvenance, répondit-il, que près du Môle, le matin à midi, au Musco Borbonico, et le soir, au Corso de la Chiaja, j'ai vu.

un même personnage à face machiavélique ornée de lunettes
bleues, en perruque, la peau huileuse, l'habit croisé sur la poitrine, habit rapé ! et les mains cachées dans les goussets de son
pantalon, enfin le feutre rejeté en arrière, qui se porta vers moi, et
me regarda avec une fixité désespérante, et une persistance sardo-
nique, qui me firent monter le rouge au front...

— Jettatore ! C'était un jeteur de sort, mon bon !... fit l'interlo-
cuteur de M. Valmer.

Tu le comprends, ma bien-aimée Pauline, de ce moment, vaincu,
abattu, foulé aux pieds sur son lit de douleurs par la jettatura
triomphante, M. Valmer s'est muni d'une paire de cornes qui ont
au moins cinquante lignes d'envergure. Il voulait d'abord les appliquer à son chapeau : mais, toute réflexion faite, il s'est contenté
de les placer aux breloques de sa montre, comme tout le monde.
Mais, en allant à Rome, il doit acheter, dans les Marais Pontins,
une tête de buffle qu'il fera momifier, et qu'il appliquera à tout jamais dans son antichambre.

Donc, comme je te l'ai dit plus haut, chaque matin, nous visitons deux, trois ou quatre églises, selon leur importance, pour
nous recommander à Dieu, et pour étudier les monuments religieux de la ville. Je vais mettre sous tes yeux le croquis de celles
que je suppose devoir t'intéresser davantage

A l'est de Naples, et à peu près au centre de cette partie de la
ville qui est la plus ancienne, et que l'on peut appeler la Ville-
Basse, on voyait encore au xiiie siècle les larges ruines d'un temple de Neptune. Charles I d'Anjou résolut de construire une église
au vrai Dieu sur cet emplacement. Mais son œuvre, interrompue

par le drame des Vêpres Siciliennes, fut reprise par Charles II, et mise à fin par Robert, sur les plans, et sous la direction du célèbre *Masuccio*. C'est le *Duomo* actuel, la cathédrale, l'église de San Gennaro, le bien-aimé patron de la ville de Naples. Cet édifice, placé entre quatre tours à *sextes aigues*, style alors appelé *architettura Angioina*, et orné d'un frontispice superbe, ouvrage de *A. Baboecio da Piperno*, a la forme d'une croix latine, à trois nefs, formées par cent dix-huit colonnes de granit oriental, de marbre africain, et de précieux et rare cipollino, provenant d'édifices païens. Sa voûte est décorée de peintures dues au pinceau de *F. Santafede*, *V. Forli* et *F. Imparato*. Elle est d'un grand effet religieux, auquel ajoutent encore ses riches ornements, et les deux églises ou chapelles de S. Restituta, et de San Gennaro, dont les entrées se montrent, la première à gauche, et la seconde à droite, dans les nefs latérales du Duomo.

Le premier objet d'art que l'on remarque est un vaste *bassin* de basalte égyptien, orné de masques bachiques, de thyrses et de festons de lierre, ayant, sans nul doute, servi à contenir l'eau lustrale des anciens. Aujourd'hui cette cuve tient lieu de *Fonts-Baptismaux* et signale l'entrée.

Au-dessus des deux portes latérales, à l'intérieur, deux superbes tableaux sur bois, peints par *G. Vasari*, représentent, l'un la Nativité de N. S., l'autre, les saints Protecteurs de la ville de Naples.

La porte principale a pour décoration les *tombeaux de Charles I d'Anjou*, *de Charles-Martel*, roi de Hongrie, et de *Clémence*, sa femme, érigés, en 1599, par le vice-roi d'Espagne, comte Olivarès.

Au lieu de candélabres, le maître-autel est flanqué de deux mer‑
veilleuses colonnes du plus précieux jaspe-sanguin.

Dans le transept de droite, *Chapelle des Minutoli*, fondée au VIIIe
siècle, par la famille de ce nom. La partie supérieure de cette cha‑
pelle, qui ne fait point partie du transept, mais ouvre seulement
sur le transept, est ornée de peintures, malheureusement restau‑
rées, fresques de *T. degli Stefani*, qui offrent les portraits fort cu‑
rieux de tous les Minutoli en costume religieux-militaire du temps
où ils vivaient.

L'autre transept, celui de gauche, à côté du splendide *Tombeau
du pape Innocent IV*, laisse voir, en la cherchant quelque peu, en‑
castrée dans le mur, à côté de la sacristie, une simple pierre tom‑
bale. Mais cette pierre tombale porte le nom et cache le corps
ensanglanté du malheureux André, frère du roi de Hongrie, et
époux de Jeanne Ire de Naples. Sais-tu quelque peu cette histoire?
Deux mots pour te la rappeler :

Jeanne, fille du grand Robert d'Anjou, n'avait que seize ans
lorsqu'elle monta sur le trône de Naples. Elle venait d'épouser An‑
dré, frère de Louis, roi de Hongrie. Dès le début de ce règne, la
cour de Naples se montra brillante et voluptueuse. Plus avides de
plaisirs que de gloire, les jeunes époux semblaient ne devoir
s'occuper jamais des affaires publiques. Aussi les ambitieux affluè‑
rent-ils autour d'eux. Mais, tout-à-coup, Jeanne et André lais‑
sèrent voir des prétentions rivales à l'endroit du pouvoir. Devenus
jaloux l'un de l'autre, ils cessèrent de s'aimer, et commencèrent à
se haïr. En voyant les courtisans corrompus comme ils l'étaient,
le prince hongrois se prit à montrer une rudesse demi-sauvage.
Humilié de n'être que l'époux d'une reine, et de porter seulement

le titre de duc de Calabre, il menaçait Jeanne à tout propos, correspondait avec le Pape pour obtenir le titre de roi, et faisait peindre une hache et un billot sur l'étendard destiné à proclamer sa royauté future. Ces imprudences amenèrent un complot. Parmi ses suivantes, la reine affectionnait surtout *Philippine*, une Catanaise aussi belle qu'astucieuse. Cette femme, née pour l'intrigue, erra dans l'ombre, cherchant des conjurés, qu'elle trouva. Pour mieux agencer ses menées, elle eut l'adresse d'envoyer les époux se réconcilier, en passant la saison d'automne de 1345, au monastère de San-Piétro-di-Morone, près d'Averse. Or, un soir qu'André devisait avec Jeanne, les camerieri font subitement irruption dans la chambre royale, annonçant au prince la venue de Naples, de nouvelles fort importantes. Jeanne pâlit. Un frisson lui courut dans les veines, et son cœur se prit à battre, car elle comprit ce dont il s'agissait. En effet, le duc de Calabre traversait à peine une galerie voisine de son appartement, qu'il est entouré dans les ténèbres, saisi par des mains invisibles, et traîné sur un balcon suspendu à une grande hauteur. En même temps il sent son cou s'enchevêtrer dans un lacet de soie. C'est en vain qu'il dégaine, et fait même couler le sang : une force supérieure le soulève, et perdant pied, il est lancé dans le vide. L'infortuné ne tombe à terre que pour expirer étranglé. L'Europe entière murmura d'indignation. Le pape Clément VI évoqua l'affaire. Il y eut des tortures et des géhennes : la Catanaise mourut même dans les tortures de la question ; mais la vérité refusa de se faire jour. Alors un pieux chanoine de San-Gennaro, *Orsio Minutolo*, de la famille des Minutoli, s'empara des dépouilles d'André de Hongrie, et vint les ensevelir derrière la pierre tombale en question.

Saluons ce dernier gîte d'un grand de la terre, et allons, par la nef de gauche, visiter S. Restituta.

Une petite porte, fort modeste, donne accès dans la *Basilique de Santa-Restituta*, jadis Temple d'Apollon, dont dix-sept colonnes antiques ont pu servir à composer les trois nefs de l'édifice actuel. C'est en cet oratoire que, au iv° siècle, se réunissaient les premiers chrétiens, à Naples, pour y célébrer les Saints Mystères. A ce titre, combien cette étroite enceinte n'est-elle pas vénérable? Ce fut sous Constantin, et par son consentement, en 324, que l'on fonda la basilique, sous le vocable de S. Restituta. Nous y voyons en cubes de verre coloré l'image de la sainte Vierge, ayant à ses côtés saint Janvier et sainte Restitude ; et, comme cette représentation fut la première madone que Naples posséda, le nom de *S. Maria del Principio* lui fut donné. Cet ouvrage est antérieur à 1329. Nous remarquons aussi deux bas-reliefs en marbre, fort curieux, débris d'*ambons*, des premiers âges de l'église. Je dois te signaler aussi de fort beaux sujets sacrés, traités en mosaïque, à la façon byzantine du xiiie siècle.

De la porte de la basilique à la grille de la chapelle de saint Janvier, il n'y a d'espace que la nef du Duomo. Mais il serait trop long de te décrire les merveilles de ce sanctuaire, Comme nous assisterons, le 19 de ce mois, au Miracle du Sang, ce sera le moment l'esquisser la chapelle du Saint.

Son corps repose dans une fort belle et très-petite crypte, placée immédiatement sous le maître-autel de la cathédrale. Rien de plus calme, de plus recueilli que ce saint asile, où j'ai bien prié pour tous ceux que j'aime.

En sortant de la cathédrale, après avoir traversé le Largo qui la précède, on voit béante, devant soi, une porte cochère, que l'on peut franchir. On est dans le *Couvent des Bénédictins*, et une entrée latéral vous donne accès dans l'*Église de San-Domenico*, qui peut passer pour un très-bel édifice gothique. Erigée en 1289, par l'architecte *Masuccio* I, pour l'accomplissement du vœu que fit Charles, duc de Calabre, lorsqu'il tomba entre le mains de Roger de Loria, cette chiesa fut restaurée, en 1446, par *Novello de S. Lucano;* mais sa noble architecture gothique disparut en partie, pour faire place à un style fort capricieux. Les brillantes couleurs dont ou a cru l'embellir choquent l'œil, et font un étrange contraste avec le style pur, sévère et hardi qui forme son caractère primitif.

Dans la seconde chapelle à gauche, en entrant dans l'église par le portail, on trouve sur l'autel une fresque, représentaut N. D. des Grâces, par *A. Tranco*, et de chaque côté, deux panneaux oblongs, sur lesquels *Maestro Stefanone* a peint, sur champ doré, sainte Madeleine et saint Dominique.

Après la troisième chapelle se présente un quatrième autel, qui possède la grande merveille du lieu : C'est le Crucifix qui, d'après la légende, se prit à parler un jour à saint Thomas d'Aquin, un des religieux de ce monastère, en 1272, et lui dit :

— *Bene scripsisti de me, Thoma; quam ergo mercedem recipies?*

Sur quoi, le docteur angélique répondit :

— *Non aliam, nisi Te, Domine...* (1).

_____

(1) — Vous avez parfaitement parlé de moi, Thomas : quelle récompense désirez-vous?
— Nulle autre, Seigneur, que votre amour !

En effet, c'est dans le cloître attenant, que vécut, professait, et sans doute composait son sublime ouvrage, *l'Imitation de J-C.* l'illustre savant Thomas d'Aquin. Nous y avons vu sa cellule, et un fragment du pupitre sur lequel il travaillait.

Je ne vais pas énumérer, ma chère Pauline, tous les trésors artistiques qui enrichissent cette église : Saint Joseph, par *Giordano;* Descente de Croix, de *Zingaro ;* Vierge aux poissons, de *Raphaël ;* Résurrection, par *Donzelli*, etc., etc., etc. Mais je te conduirai dans la sacristie, et je te recommanderai de ne point te livrer à l'effroi, en présence du spectacle qui nous y attend.

D'abord, au plafond, remarque et admire ces fresques magnifiques de *Solimène.* Mais aussi, en prenant cet escalier fort étroit, monte avec nous sur ce large balcon, qui fait galerie tout autour de la sacristie. Comme Santa-Chiara est le Saint-Denis des princes de la maison d'Anjou, San-Domenico est le Saint-Denis des princes de la maison d'Aragon. C'est te dire que nous sommes ici parmi les morts, et toutes ces caisses longues, décorées de crépines de velours, d'écus, d'armoiries et de bannières, ce sont leurs tombeaux. Soulève ce cercueil ent'rouvert? C'est le cadavre d'un Petrucci. Il porte encore ses vêtements espagnols, à demi-rongés pas le temps. Cette autre bière que surmonte un portrait vêtu en franciscain, c'est le célèbre marquis de Pescaire, mort à trente-six ans, et si noblement pleuré et chanté par sa veuve, Vittoria Colonna. Ci-git, Ferrante Ier, d'Aragon. Ici repose Fernante II. Voici la reine Jeanne, son épouse. Que la mort est hideuse, quand elle remplace la vie, même sur la figure d'une femme qui fut belle! Oui, ce squelette est celui de Jeanne, cet autre celui d'Isabelle d'Aragon, femme de Jean Sforza de Milan, et celui-ci, réduit en

poussière, n'est autre que Marie d'Aragon, marquise de Vasto.
Dis-moi, chère, si l'effet de tous ces tombeaux, ainsi placés sur
une estrade aérienne, et composés de coffres recouverts de velours
cramoisi, n'est pas étrange et bizarre?

Mais éloignons-nous, et, en sortant par le Largo S. Domenico,
examine cet obélisque de marbre ouvragé, qui le décore en l'honneur du saint. C'est un riche monument, commencé par *Fasanga*
et terminé par *Vaccaro*, mais qui est de mauvais goût.

A mon avis, l'église la plus intéressante après San-Gennar,
comme disent les Napolitains, en supprimant l'o final, c'est la
Chiesa Santa-Chiara, — prononcez *Kiara*; — c'est-à-dire Sainte-
Claire. Elle est située dans le voisinage de Tolède, sur les limites
de la ville basse. Mais il faut la chercher, car elle est séparée de
la *Strada S. Chiara* par une dépendance du *Monastère de Sainte-
Claire* qui l'entoure. Autrefois d'un gothique délicieux, et peinte
par *Giotto* et son colloborateur *Maestro Simone*, on l'admirait sans
réserve. Aujourd'hui, modernée, sans nef aucune, ruisselante
d'or, de cinabre et de vermillon, elle offre une grande ressemblance avec la salle de spectacle du palais de Versailles. Ce qui
achève de compléter cette ressemblance, est que, les rois de la
maison d'Anjou ayant choisi Santa-Chiara pour leur sépulture,
comme on a placé leurs tombeaux en une sorte de galerie de pourtour, on croit les voir appuyés sur le coude dans leurs cercueils,
et, morts, cherchant à voir passer les vivants. Derrière le maître-
autel s'élève le grand et beau sépulcre du roi Robert d'Anjou, par
Mazuccio le Jeune, 1350. Le vieux roi est représenté là sous le
double caractère de roi et de moine franciscain. Tout ce fond de
l'église est occupé par les tombes plus ou moins riches de Jean=

ne Ire, de Naples , en 1382 ; de sa sœur Marie ; d'Agnès , fi ie de
Marie et femme de Can Grande della Scala, et d'autres princes et
princesses. La curiosité artistique qui vient après ces tombeaux,
est la *Madone della Grazie*, de *Giotto*, qui, seule, a échappé au
stuc et au badigeon.

En face de l'église, s'élève une œuvre fort remarquable de *Mazuccio le Jeune*, 1328. C'est un *clocher*, dont le premier ordre est
toscan, le second dorique, et le troisième ionique. Il est inachevé;
mais tel qu'il est, on le regarde comme un modèle parfait de ce
genre de construction.

En quittant Santa-Chiara, on traverse le *Largo Trinita Maggiore*,
et presqu'en face de Santa-Chiara on entre dans la *Chiesa Gesu
Nuovo* ou *Trinita Maggiore*, de 1584, dont la belle coupole, avec
la Gloire du Paradis, peinte par *Lanfranc*, fut détruite par le
tremblement de terre de 1688. Il n'en reste plus que les quatre
Evangélistes des angles. Mais si l'œuvre de Lanfranc est disparue,
l'œuvre de *Solimène* reste (1) et c'est une merveilleuse et vaste
composition, manquant d'unité, mais splendide d'autre part. Elle
est placée au-dessus de la porte principale, et occupe toute cette
partie de l'église. Cette fresque représente Héliodore, chassé du
Temple.

Au centre du Largo Trinita Maggiore. se dresse un obélisque
en marbre, de style contourné, ondulé, à la date de 1747, et qui
a nom *Guglia della Conceptione.*

Parallèlement à la Strada Santa Chiara, et partant du chevet

---

(1) *F. Solimène*, Nocera de Pagani, 1657 — 1747,

de l'église des Jésuites que nous quittons, il est une autre rue, la *Strada dei Tribunali*, qui conduit vers l'orient de la ville, à la *Vicaria*, prison de Naples, immense, noir et antique bâtiment, dont la vue et les affreuses fenêtres grillées donnent le frisson, et en même temps *Palais-de-Justice*, où sont tous les tribunaux; et, à la *Porta Capuana*, la Porte de Capoue, le quartier infâme de la cité. Nous avons à voir, de ce côté, plusieurs monuments qui méritent notre visite.

Voici d'abord *San-Filippo-Neri*, appelé aussi la *Chiesa dei Gerelomini*. C'est une des plus belles églises de Naples. Sa façade est de marbre, mais surtout l'intérieur en est décoré avec magnificence. Là, comme dans Gesu-Nuovo, brille au-dessus de la porte principale une fresque magnifiquement belle, Jésus chassant les marchands du Temple, par *Luca Giordano*. La coupole et la voûte sont peintes à fresque, par *Solimène*, et on y trouve son beau talent. Nous y admirons aussi la riche chapelle de Saint-Philippe-de-Néri, dessinée par *G. Lazzari*

Dans la sacristie, autre véritable église, on trouve une Rencontre de Jésus et de Jean, charmant ouvrage de *Guido Reni*, puis un saint François, du *Tintoret*; un saint André, de *Ribeira*; une Sainte famille, de *Mignard*; la lutte de Jacob avec l'ange, de *Palma-le-Vieux*; les Apôtres, par le *Dominiquin*, etc., etc., et un fort beau Christ en ivoire. C'est un véritable musée.

Un monastère, qui possède une bibliothèque de dix-huit mille volumes, de soixante manuscrits, parmi lesquels le fameux Sénèque du xive siècle, avec de belles miniatures de *Zingaro*, dite *Bibliothèque des P. de l'Oratoire* et fondée en 1720, est annexé à cette église.

Arrivés à la Vicaria, ou bien à la porte de Capoue, qui en est voisine, on voit, à sa gauche, une rue fort large, qui a nom *Strada San Giovanni a Carbonnara*. On doit la monter, car elle est en pente, et, à son extrémité, à droite, il faut gravir une plateforme dont une église de peu d'apparence couronne les assises. C'est la *Chiesa San Giovanni a Carbonnara*. Entrons : cet édifice n'est pas sans intérêt, car nous devons y rencontrer de magnifiques tombeaux, si tant est que l'on puisse appeler magnifiques les palais de la mort. Cette église, adossée à un vaste couvent d'Augustin, et surmontée d'une coupole grise, n'a rien de remarquable comme architecture : mais son autel, composé de marbres précieux, décoré de statues, de bas-reliefs et d'ornements de tout genre, mérite d'abord notre examen. Ensuite, après et derrière l'autel, voici déjà l'un de ces tombeaux qui appellent notre admiration. Il renferme la dépouille mortelle de *Ladislas*, que fit inhumer ici sa sœur, la reine Jeanne II, en 1414. L'auteur de ce chef-d'œuvre est l'habile *A. Ciccione*.

Passons sous l'arcade que forme le tombeau de Ladislas, et nous voici dans la curieuse *Chapelle de Caracciolo del Sole*, toute couverte des fresques du dernier élève de Giotto. *Leonardo da Bisuccio* et enfin la *Tombe de Caracciolo*. Quelle magnificence pour un tombeau ! On est triste quand on rumine le *Vanitas vanitatum* de l'Evangile, en face d'un sépulcre grandiose comme celui du beau Caracciolo, étoile tombée, grandeur déchue, gloire éteinte, et puissance oubliée ! Ce n'est jamais qu'un cercueil...

Je te fais grâce des autres tombeaux de San Giovanni à Carbonnara, et en ceci j'ai mon intention, car je te conduis encore à un pèlerinage funèbre... Descendons, vers le golfe, et, prenant la

Strada Forcella qui conduit au Largo del Mercato, entrons dans cette très-petite *Chiesa del Purgatorio.* Ce n'est qu'une chapelle bien modeste, mais de douloureux souvenir. Tiens, près de l'autel, regarde ce tronçon de piperne... Ne vois-tu pas deux fentes produites comme par deux coups du tranchant d'une hache? Eh bien ! en effet, ce tronçon de piperne servit de billot de justice à un bourreau de Naples, pour frapper deux nobles têtes d'enfants, et les abattre l'une après l'autre, le misérable ! Voici l'histoire en deux mots :

Conradin, fils de l'empereur d'Allemagne Conrad IV et dernier rejeton de la famille de Hohenstaufen, né en 1252, n'avait que trois ans lorsqu'il perdit son père. Il héritait alors de la triple couronne des Etats de Germanie, de Naples et de Sicile. Mais, à cause de son jeune âge, dépouillé de ses états par son tuteur, Mainfroi, il vit ce prince, fils naturel de Frédéric II, profiter de la mort de son frère Conrad pour monter sur le trône de Naples et de Sicile. Mais alors le Pape Urbain IV, ayant excommunié Mainfroi, prêcha une croisade contre lui et donna ses états à Charles d'Anjou, frère de notre Louis IX; et enfin Mainfroi étant mort en combattant contre Charles, dans la plaine de Grandella, près de Bénévent, en 1266, Conradin, devenu grand, prit les armes et disputa la possession du Royaume de Naples à Charles d'Anjou. Hélas ! notre jeune héros, qui comptait à peine seize ans, fut vaincu par le prince français, à Tagliacozzo, en 1268, et, conduit à Naples dans les prisons del Carmine, après un simulacre de jugement, il fut amené un jour sur ce Largo del Mercato qu'entourent les demeures des lazzaroni, et cruellement décapité sur ce tronçon de piperne, à l'endroit même où un simple corroyeur du quartier fit ériger cette chapelle. Jadis les fresques représentaient les horribles scènes de cette affreuse tragédie.

Conradin ne mourut pas seul dans ce jour fatal. Son cousin *Frédéric de Bâde*, dernier rejeton de la famille d'Hapsbourg, qui avait suivi son parti, laissa sa tête au bourreau, après lui, et sur le même billot.

Charles I d'Anjou fit dresser une colonne de porphyre surmontée d'une croix sur le lieu de leur supplice. Ceci était un hommage; mais ce qui devint une injure fut le distique suivant que le prince fit graver sur la croix :

> turis ungue, Leo pullum rapiens Aquilinum,
> Hic deplumavit acephalum que dedit. (1)

Voici la colonne de porphyre, la croix et l'insolent distique. Puisse le Seigneur pardonner à ceux qui se servent de l'épée Mais pour avoir souillé sa victoire par la cruauté, les Vêpres Siciliennes punirent Charles d'Anjou, et l'infortuné Conradin fut vengé.

J'ai visité cette chapelle aux dernières lueurs du jour, un soir, alors qu'elle était remplie de lazzaroni et de leurs femmes. Si leur piété eût été vritablement éclairée, certes, je l'eusse admirée. On donnait la bénédiction du Saint-Sacrement; l'orgue faisait entendre de mélancoliques symphonies, et j'aimais à suivre ses derniers soupirs qui allaient s'éteignant peu à peu. Mais alors la voix criarde, torrentueuse, glapissante des femmes couvrait ces doux murmures de si furibondes clameurs de litanies, que je dus un moment me fermer les oreilles. Je remarquai surtout une vieille femme, dont le regard hébété errait à l'aventure, qui hurlait avec rage et

---

(1) Le Lion, saisissant le petit de l'Aigle dans ses serres de vautour, ici-même, a déplumé et lui a brisé la tête.

mettait, à précéder le chant des autres de quelques mesures, **une** obstination telle que je dus quitter la place.

A l'occasion des offices et cérémonies saintes, à Naples, je te dirai que le caractère napolitain se montre à nu dans les églises, comme partout ailleurs. Le peuple y arrive en foule ; il s'agenouille devant les Madones peintes de couleurs vives, devant les statues de Madones richement habillées surtout, car tout ce qui frappe les sens l'impressionne davantage. Alors il baise les pieds de la Sainte, et ceux du divin *Bambino*, comme on dit ici, et le fait baiser à ses enfants. Des mères font faire de même aux poupons qu'elles allaitent. On les voit mouiller leurs doigts de l'huile qui brûle dans les lampes basses, s'en frotter les yeux, le front, les bras, toute partie du corps qui peut être en souffrance ; on les voit placer en *ex-voto* des masques en cire autour des Saints auxquels une guérison quelconque peut-être due ; et puis elles parlent au Saint, image ou statue, comme on le fait à une personne que l'on rencontre ; ou bien elles se jettent à terre, prient, gesticulent ! Un jour, c'était précisément dans une rue voisine de la Strada Egyziaca, où M. Valmer faillit laisser sa jambe, j'entends des cris, des hurlements, tout comme si le quartier se mettait en émeute. Ce bruit semblait sortir de *l'Eglise de l'Annunziata*, une très-belle église, de *Luigi Vanvitelli*, avec une coupole hardie, quarante-quatre colonnes superbes du plus beau marbre, d'ordre corinthien, soutenant la grande corniche, aussi de marbre, et huit paires de colonnes doriques décorant la *confession*. J'entre : on prêchait. A l'entour de la chaire étaient groupés deux ou trois cents hommes et femmes du bas peuple, dont les yeux brillants suivaient tous les mouvements du prêtre. Parlait-il avec plus de feu ? gesticulait-il avec plus d'énergie ? Hommes et femmes de crier, de hurler de sangloter, l'œil sec, la bouche béante. J'écoutai : on parlait de l'enfer. Le prédicateur reprochait aux chrétiens leur endurcissement, et leur recommandait d'éviter les flammes éternelles qui torturaient tant de victimes, leurs amis peut-être, leurs parents, pères, mères ! Sur ce, grincements de dents, poitrines meurtries, bras levés au ciel, clameurs sans nom, tohu-bohu de terreur et d'effroi. Vint un moment où le prêtre, saisissant le crucifix, rappela que c'était pour ces fautes, dont nous sommes si prodigues, que le Fils de Dieu souffrait de la sorte. Sa voix s'anima, il y eut un *rinforzendo* dans ses vibrations. Le peuple ne voulut pas être en retour. Il fit entendre un si formidable *crescendo*, sa voix criarde tonna de telle sorte, il y eut de si affreux piaillements et des glapissements tellement stridents ; les poings et les bras se levèrent, les visages s'irritèrent, les yeux s'injectèrent de sang d'une façon si menaçante, que je crus à une bataille générale pour venger les gehennes de l'Homme-Dieu ; et j'allais m'enfuir, lorsque soudain le prêtre disparut, et toutes ces gens de se sourire, de se lever, de se signer, de s'en aller, et, à peine dans la rue de se livrer aux causeries du voisinage, tout comme si de rien n'était. Que dis-tu, Pauline, de cette étrange impressionnabilité ? A tout ceci, j'ajouterai que, nonobstant la magnificence un peu mondaine des églises, car dans un grand nombre on reconnaît le ciseau espagnol, le service sacré laisse beaucoup à désirer. Ainsi le linge d'autel est sale, fripé, souvent même déchiré ; les ornements du clergé sont fanés, usés, mal choisis, de mauvais goût. Nous avons vu des messes servies par de petits lazaronni en guenilles, où, ces petits polissons, au lieu du recueillement nécessaire, causaient, riaient, oubliaient de répondre, oubliaient de servir, et contraignaient l'officiant à les rappeler à l'ordre, par un regard et un bruit de langue fort mal séant en pareil lieu.

Encore une ou deux Eglises dont les richesses de l'art nous convient, puis je te conduirai à la fête de la Madone de l'Arc, et enfin ce sera fait, tu n'auras plus que mes baisers à recevoir.

Dans une ancienne rue voisine du Castelle-Nuovo, dite *Stradda delle Correge*, maintenant *Medina*, se trouvait jadis le Palais-de-Justice. Une chapelle, étroite, sombre, y était attenante; mais cette petite chapelle était plus riche que la plus riche église, car *Giotto*, le fameux Giotto l'avait ornée des trésors de sa palette. Ses fresques; divisées en huit compartiments, représentaient ici les sept Sacrements, et là le Triomphe de la Religion. Chose, bizarre! Dans le Sacrement de Baptême, il avait peint en costume de cour du xive siècle les portraits de Laure et de Pétrarque, et dans le Mariage celui de Dante. Ces peintures étaient spécialement remarquables pour l'elégante beauté des têtes de femmes. Dans le Triomphe de la Religion, on voyait le roi Robert Ier, par ordre de qui peignait Giotto, et Charles l'Illustre portant, déployées, leurs royales bannières semées de fleurs de lis d'or. Il advint que Jeanne Ire de Naples, ayant, comme je te l'ai dit, laissé son mari, André de Hongrie, tomber sous les coups de la Calabraise, et donnant son cœur et sa main à un second époux, Louis de Tarente, elle le fit couronner avec elle, le 15 mai 1352, dans cette petite chapelle. Alors, en mémoire de cet heureux événement, elle fit construire une église qu'elle nomma l'*Incoronata*, à laquelle se rattache le bijoux du Giotto. C'est ce joyau, égaré dans une rue populeuse, oublié par la foule, c'est de cette perle sans prix que j'ai vue, admirée, revue et admirée encore, que je voulais te dire un mot.

Au risque de mettre à bout ta patience, je veux te parler du magnifique *Clocher del Carmine*, qui, vu de la place du Marché, ou de la mer, produit le plus bel effet, tant il est gracieux, et surtout de la *Chiesa del Carmine Maggiore* qu'il signale. Dis-moi si cette église mérite que je te la signale! D'abord elle fut témoin et un peu théâtre de la révolution faite par Masaniello, qui y est enterré, sans que l'on puisse désigner l'endroit où il repose. car quand M. Valmer le demanda :

— Chut! lui fit tout bas un vieux prêtre, vous dites là un nom que l'on ne doit jamais prononcer à Naples...

Ensuite, c'est là que sont également inhumées les deux pauvres victimes de Charles d'Anjou, Conradin et Frédéric de Bade.

Cette Eglise fut fondée et reçut son nom de quelques Carmes, à leur retour du Mont-Carmel, d'où ils apportèrent une Madone peinte en noir et la dévotion à cette Vierge. On voit, en effet, la Vierge noire, peinte sur bois, placée sur un autel qu'Elisabeth d'Autriche fit décorer lorsqu'elle vint ensevelir la dépouille de son fils Conradin, et celle de son cousin Frédéric, après leur supplice. C'est sous cet autel du Sanctuaire, que reposent les infortunés princes, et ces trois lettres indiquent seule leur tombeau, *R. C. C.* Mais le roi de Bavière, Maximilien II, en 1847, fit aussi placer dans l'église une fort belle statue du jeune roi vêtu de la pourpre, la couronne sur la tête et l'épée à la main. Cette statue est l'œuvre de *Thorwaldsen*, qui la modela, et de *Schopp*, qui la sculpta. Mon cœur de femme a saigné en voyant sur un des bas-reliefs du piédestal l'image de Conradin s'arrachant des bras de sa mère pour aller reconquérir son royaume, et sur un autre le même Conradin, vaincu et condamné, embrassant Frédéric de Bade, avant de marcher à la mort.

Cette Eglise des Carmes, voisine du lieu qui vit ce drame cruel, possède un crucifix miraculeux que l'on conserve dans un tabernacle. On l'expose à la vénération publique seulement le premier et le dernier jour de chaque année. On raconte que Naples s'étant révoltée contre Alphonse d'Aragon, ce prince mit le siége devant la ville, et dressa son camp sur les bords du Sebeto, petite rivière qui passe entre Naples de Portici, non loin de l'Eglise del Carmine. De là, le canon commença son œuvre. Or, un des boulets envoyés par le roi d'Aragon s'étant dirigé vers cette église, fracassa la coupole, brisa le tabernacle, et devait écraser la tête du Crucifix; lorsque sa tête se baissa sur sa poitrine, et le boulet passant au-dessus du front, alla faire un trou dans la porte, enlevant seulement la couronne d'épines du Sauveur.

Cent vingt-deux Eglises à Naples! Et je te parle tout au plus de six à huit : certes! tu vois que je t'ai ménagée!

Maintenant, à la Madone de l'Arc...

Au pied du Vésuve, du côté de la Somma, c'est-à-dire au nord, et non loin de Naples et de Portici, dans une plaine pittoresque que capitonnent les jolies villages de Ponticelli, Cercola, San-Sebastiano, etc., on voit une charmante Eglise d'un style gothique et moderne tout à la fois, qu'abritent d'un côté les bâtiments d'un couvent de Dominicains par lesquels elle est desservie, et de l'autre un hôpital de pauvres, soignés par les mêmes religieux. On l'appelle *Madonna del Arco*. Voici l'histoire de la Madone de l'Arc :

Jadis, il y a de cela sept ou huit siècles, une image de la Mère de Dieu était peinte en plein vent sur une sorte d'arc, ou arcade, sous laquelle des joueurs de boule se réunissaient chaque jour pour

faire leur partie. Un jour, l'un de ces manants eut la fatale idée
de s'en prendre à la sainte image du peu de succès qu'il avait au
jeu, et, ramassant une grosse pierre, il la lui jeta brusquement
à la face en y joignant de sacriléges paroles. Or, la pierre frappa
l'œil de la madone, et aussitôt cet œil enfla, devint bleu et tout
sanguinolent. A cette vue, les compagnons du criminel restèrent
d'abord glacés de terreur, puis repoussèrent loin d'eux le coupable. A ce moment, le seigneur du village, sortant de son château
et surpris de quelques paroles qui lui vinrent aux oreilles, demanda l'explication de ce qui se passait, et, indigné du crime,
exigea que son auteur fût pendu sur-le-champ. Aussitôt, le misérable impie est accroché à l'arbre le plus voisin; mais celui-ci
courbe la tête, incline ses branches, se dessèche, craque et tombe,
écrasant le coupable sous son poids. Alors le noble sire fit élever
une petite chapelle et y plaça dans le sanctuaire l'image mutilée,
qu'il détacha pieusement de l'arc qui la portait. Le pèlerinage à la
Madone de l'Arc devint bientôt célèbre dans toute l'Italie. On y
arrivait de toutes les parties de la péninsule, et ses jours de fête
furent tellement courus qu'ils appelaient non-seulement les pèle-
rins, mais aussi tous les larrons des pays circonvoisins. Aussi
advint-il qu'une femme de Portici, étant venue à la foire qui avait
lieu en même temps que la fête, dans le double but de faire le
pèlerinage et de vendre son porc, un porc qu'elle engraissait depuis huit mois, se livra sans vergogne à une étrange fureur quand
elle vit que, durant sa prière et ses dévotions à la chapelle, on lui
avait volé sa bête.

— Si jamais je viens en pèlerinage à la Madone de l'Arc, dit-elle,
je veux voir mourir mes deux pieds!

Toute colère s'efface, toute menace s'oublie... L'année suivante, voici notre femme de Portici qui arrive avec des bouquets pour la Vierge, et un autre porc pour la foire. Mais à peine a-t-elle mis le pied dans la chapelle, qu'elle se sent prise de froid aux pieds, et qu'elle ne peut plus marcher. Elle se souvient alors de son imprécation : elle se repent. Mais il est trop tard ; jamais plus elle ne marcha. Si, je me trompe. La pauvre percluse s'était fait mettre dans une pauvre carriole, parcourant villes et villages, tendant la main et quêtant. Elle avait fait un vœu pour réparer sa faute : celui de faire reconstruire la chapelle de la Madone, mais sur un plan nouveau et avec plus d'élégance. La pauvre pénitente réussit, et, le jour même où elle posa la première pierre de l'église actuelle, elle sortit de sa charrette et marcha.

Nous sommes allés à Madonna del Arco, ma chère amie. J'y ai vu l'autel surmonté de l'image mutilée de la Mère du Sauveur. Il est enrichi de pierres précieuses et de diamants, mais il attire beaucoup moins de regards que le tableau dont il est le piédestal, car cette peinture antique et grossière avec l'œil de la Vierge, meurtri, sanguinolent, vous cause une impression indéfinissable. On est ému, surpris tout à la fois, et il y a tant de douleur, de bonté, de pardon et en même temps d'indignation dans ce regard, qui n'a rien d'humain, que malgré soi l'on frisonne. Mille, dix mille *ex-voto*, placés à l'entour de l'Eglise par ceux que la Vierge miraculeuse a exaucés, vous rappellent la protection de la Madone. Ce sont de grands et petits cercueils commandés par ceux que la Vierge a rappelés à la vie ; et puis d'énormes quantités de figurines de cire, coloriées comme nature, et représentant des parties du corps humain, guéries par la sainte Madone, bras, jambes, bustes, etc. Mais dans le trésor de l'église, il y a des offrandes d'un autre genre : Parures de diamants et de pierreries, couronnes de rois et diadèmes d'empereurs, manteaux d'une richesse incomparable, témoin celui que donna Charles III, et qui a une valeur de 18,000 ducats d'ôr, etc., etc., etc...

Je ne te décrirai ni la foire, ni la fête de la Madone de l'Arc. Jeux, saltimbanques, danses, pétarades, musiques, brouhaha sans pareil, c'est le bonheur du Napolitain. J'ajoute que, nonobstant les plaisirs et le bruit, une grande piété se manifeste dans l'église, où l'on prie avec amour.

Nous revenions, un soir, de la Madone de l'Arc, au moment où se couchait le soleil, et nous arrivions sur le quai de la Marinella, lorsque nous vîmes le Môle, le Largo di Castello-Nuovo, et les Strade Medina et Montoliveto encombrés de régiments, artillerie, cavalerie, infanterie napolitaine, uniformes rouges, et bleus uniformes. Toute cette armée, rangée en ordre, restait immobile, l'arme au pied, et les fusils reflétant les derniers feux du jour. Tout à coup le canon retentit sur le golfe, et l'artillerie du port et des forteresses répondit à ce signal ; les tambours, voilés de crêpes, battirent aux champs, et les fanfares sonnèrent. C'était un amiral napolitain, mort à Ischia, qu'amenait un vapeur de l'État, et auquel on allait rendre les honneurs militaires en le conduisant au Campo Santo. Alors les troupes se mirent en mouvement, les marches funèbres, jouées par les musiques, n'étant interrompues que par les pas cadencés des soldats. A l'arrière des dernières lignes de la cavalerie, s'avançait lentement, tiré par six chevaux, un immense corbillard, couvert de noires draperies, chargé de drapeaux, et portant, couché sur son cercueil, le corps de l'amiral, vêtu de son plus bel uniforme, ganté, rasé, musqué, fardé, comme s'il allait se dresser pour commander une manœuvre aux matelots et aux officiers qui formaient son cortége. On eût pu le croire endormi. Il dormait, en effet, mais du dernier sommeil. Toute une légion de Frères de la Mort, cachant la bigarrure de leurs habits sous un ample manteau noir, et armés de hampes à l'extrémité desquelles flottait une banderole blanche portant le nom du défunt, venait à sa suite, et enfin l'artillerie fermait la marche. Comme la nuit arrivait, des torches nombreuses flamboyèrent au milieu du cortége lorsqu'on pénétra dans Toledo, sur le Largo delle Pigne et la Strada Foria qui lui font suite. Ce fut alors un spectacle fantastique qui impressionnait tristement, car, au milieu de cette mise en scène brillante, on voyait, de loin comme de près, le corps mort dominer la foule, d'abord, et puis l'entourage très-lugubre des Confrères de la Mort, si nombreux à Naples. Nous suivions dans notre voiture, et nous fûmes témoins de la cérémonie.

On pénétra dans le Campo-Santo alors que la lune faisait son apparition au-dessus des collines qui forment son enceinte au nord. Le Campo-Santo de Naples, vaste, accidenté, descendant de la montagne et s'inclinant vers la mer, est très-beau et d'un aspect fort religieux. Avant d'entrer dans les petites allées qui entourent mystérieusement les tombes, comme pour les dérober aux regards profanes, on passe dans la cour d'un vaste cloître très-imposant. Au centre de son portique d'ordre toscan, se dresse, montée sur son piédestal de marbre, la statue symbolique de la religion, tenant une croix, un calice et montrant le ciel. Sur sa base sculptée se détache en bas-relief l'ange du jugement dernier réveillant les morts, au son de sa terrible trompette. Cet ouvrage sublime est d'un artiste napolitain plein de mérite. On le nomme *Angelini*. Sous les dalles de cette vaste cour, sont d'immenses

tavaux appartenant aux confréries. En quittant la cour, on entre
dans le dédale des allées du Campo-Santo. Il n'y a pas, dans tout
le royaume de Naples, de jardin qui soit mieux tenu et plus em-
belli de fleurs : les roses surtout y abondent et sont admirablement
belles. Ce sont des mains pieuses qui entretiennent ainsi ces délicieux parterres, autour des tombeaux renfermant des êtres toujours pleurés. Puis, ce que nous n'avons pas chez nous, ce que
possèdent les Napolitains, c'est la simplicité des épitaphes. *Pax!*
ce qui veut dire : *Paix!* ai-je lu sur un sépulcre. N'est-ce pas un
souhait renfermant tous les autres? Nous avons trouvé, sans le
chercher, le tombeau de notre artiste aimé A. Nourrit. Une croix,
quelques roses, et une inscription rappelant son nom et celui de
ses amis de France, voilà tout ce qui signale que notre célèbre
chanteur reposa dans ce lieu, avant d'être rapporté dans sa patrie

Un peu plus loin que Naples, dans les Calabres, les femmes s'ar-
rachent les cheveux et les jettent dans la tombe de leurs maris;
puis, pendant la première année de leur veuvage, à l'heure de minuit, elles se mettent à la fenêtre de leur chaumière et poussent
d'horribles gémissements, comme expression de douleur. Que
j'aime bien mieux la coutume des Napolitaines de semer la fosse
et ensuite la tombe de leurs enfants de dragées et de fleurs! Mais
je termine ce que je voulais te dire sur le cimetière de Naples, en
t'apprenant qu'au dehors du Campo-Santo, il y a toute une ville
formant son enceinte et composée de chapelles grandes comme des
églises qui appartiennent aux confréries et dans lesquelle on enterre leurs morts.

Lorsque le convoi de l'amiral fut arrivé au cimetière, l'armée de
terre et de mer rendit les honneurs par des décharges successives :

le canon tonna une dernière fois, et les musiques jouèrent une symphonie finale. Pendant ce temps, on plaçait le cadavre dans le cercueil d'apparat sur lequel il avait fait le trajet, et on l'enferma dans une chapelle spéciale, où il devra rester quelque temps, afin de permettre de constater sa mort. Après quoi, la terre, une vaste portion de terre placée sous une sorte de halle et saturée de mixtures chimiques dissolvantes qui, en deux mois ronge les corps, s'ouvrira pour le recevoir. Alors ses ossements, dépouillés de leurs chairs par cette opération, seront retirés de cette fosse hygiénique, définitivement enclos dans une bière et déposés dans le tombeau de sa famille. Puis tout sera dit... pour le monde !!!....

Ces précautions, sans exemple ailleurs, furent prises à Naples après le choléra de 1836. Ce fléau sévit d'une façon cruelle dans cette ville. Déjà ses ravages s'étendaient dans la Pouille : mais tels étaient la beauté de la saison, le pur éclat du ciel, la douceur des nuits sans humidité, l'absence des plus légers symptômes, qu'il paraissait impossible de croire à l'invasion du mal. Or, le 2 octobre 1836, il fit son apparition, n'enlevant toutefois alors que six mille deux cents habitants jusqu'au 7 mars 1837. Mais il reparut bien plus terrible, du 13 avril au 25 septembre ; et cette fois ses ravages montèrent à cinquante mille personnes. Dans la seule journée du 28 juin, il en avait fait mourir plus de mille. En moins d'un mois, Naples perdit le sixième de sa population si vive, si bruyante, si entassée.

Cette terre, ce ciel, cette mer dont le sourire appelle de si loin les voyageurs, semblaient redoutables et ennemis. Le nombre des passeports qui, par année, est d'environ six mille, ce qui donne une moyenne de vingt mille étrangers, ne s'éleva pas à la moitié en 1837. Cependant plusieurs de ces étrangers rivalisèrent de zèle et d'humanité avec les Napolitains. On transforma les édifices publics en hopitaux; l'ordre et la décence s'établirent partout, jusque dans les cimetières. Les morts furent transportés de nuit, et placés dans des fosses profondes bien couvertes. L'aspect de la ville ne fut même pas changé. La peur, tant reprochée aux Napolitains, parut alors sans effet sur leurs vives imaginations, et les malades, au lieu d'être abandonnés, furent entourés de soins tendres et empressés. On tenta bien de répandre des bruits de poison; mais le roi se rendit aussitôt dans le quartier infecté, visita les malades, prodigua les secours, les consolations, les espérances; il entra chez les marchands, goûta le pain, le vin, les divers comestibles, et en fit manger et boire à ses aides de camp. Aussi l'exemple profita aux médecins et aux employés, qui firent tous leur devoir.

Mais le héros du choléra fut le nonce Feretti, d'une ancienne famille d'Ancône, depuis devenu cardinal et évêque d'Imola. C'était un homme intrépide et aventureux. Légat à Rieti, en 1831, il avait arrêté une armée de Bolonais insurgés qui marchait sur Rome. Quand éclata le fléau, le prêtre l'emporta sur le diplomate : Feretti distribua tout son argent aux pauvres, la vaisselle même de l'ambassade y passa, et le noble nonce ne quitta pas le chevet des cholériques, dont il sauva un grand nombre.

La lune brillait de tout son éclat lorsque nous achevons de parcourir le Campo-Santo. Rien ne porte à la rêverie comme la lune de cette belle contrée. Elle est si pure et si brillante ! Aussi i'avais l'âme emue en parcourant toutes ces allées sinueuses, ombragées d'arbres, parmi lesquels des rayons argentés se jouaient mollement, comme si les âmes des morts cachés sous la terre se visitaient mutuellement. Le recueillement et le mystère de ce dernier asile étaient alors d'une poésie incomparable et sainte.

C'est ainsi, ma toute bonne, que, chaque jour, nous employons nos heures à voir et à connaître Naples. Quand soupire la brise du soir, après le repas lorsqu'il fait encore grand jour, nous montons souvent au *Vomero*, l'une de ces hautes collines volcaniques qui dominent Naples, et sur laquelle est bâtie une partie de la ville, et là, au-dessous du Château Saint-Elme, assis sur quelque pelouse, nous jouissons des splendides couchers du soleil sur le golfe. Ou bien encore, nous visitons les magnifiques villas qui décorent les hauteurs voisines. Ainsi avons-nous vu le *Belveder*, dont le nom vient de ses anciens propriétaires les princes di Belvedere; la *villa Floridiana*, qu'acheta Ferdinand Ier pour en faire présent à la princesse de Partanna, duchesse de Floridia, sa segonde femme; la *villa Regina San Sabello*, la plus vaste et la mieux située de Naples, sur la partie occidentale de la colline de Capo-di-Monte; ou encore, sur le Pausilippe, la plus belle de toutes, la féerique *villa Angri-Doria*, la villa *Barbaja*, la *villa Bucca Romana*, etc.

Près du Château Saint-Elme, mon fils et M. Valmer ont visité la *Chartreuse de Saint-Martin*, qui, dominée par le château Saint-Elme, domine la villa, la bénit et prie pour elle. Ils me disent des choses ravissantes de son cloître, dont ils vantent les fines colonnettes et les délicates sculptures. Mais ils exaltent surtout la beauté de son Eglise, dont *Lanfranc* a peint le coupole, *Guido Reni*, la plus charmante composition de son pinceau; l'Adoration des bergers; *Ribera*, une Cène; *Carlo Maratta*, à l'âge de 85 ans, et c'est un chef-d'œuvre, le Baptême de J.-C ; *Solimène*, le héros de Naples, des peintures latérales ; dans la sacristie, *M. A. Caravage*, le Reniement de saint Pierre ; et, dans le trésor, *Ribera*, surnommé l'*Espagnolet*, son œuvre capitale, la Descente de Croix. Là aussi, dans le trésor, ils ont admiré le triomphe de Judith, suivie d'un nombreux cortége, exécuté en 48 heures, à l'âge de 72 ans, par le célèbre *Giordano*. Malheureusement, les femmes ne peuvent entrer dans la Chartreuse. Il paraît que, d'un certain balcon, la vue sur Naples et tous ses horizons est telle qu'on y demeure en extase. Aussi raconte-t-on qu'un touriste vante cet endroit comme un paradis sur terre, le Chartreux, qui le conduisait, lui répondit :

— Oui, en effet ; mais pour ceux qui passent!...

D'autres fois, partant un peu plus tôt, nous allons du Vomero par la route la plus accidentée qu'il soit possible d'imaginer, jusqu'au sommet d'une montagne, au nord-ouest de Naples, où se trouve, sur un plateau très-élevé, un *Couvent de Camaldules*. Non, l'imagination est impuissante à se figurer l'étendue, la variété et la beauté des sites qui se développent aux regards de ce point culminant. Comme si vous naviguiez, en aérostat, dans les plaines de l'air, vous dominez un immense espace, le plus somptueusement riche de toutes les contrées, à tous les points de vue : Naples et son golfe, le Vésuve et Sorrente, le Pausilippe et ses ruines, les îles et la mer, mais surtout, surtout les champs de feu avec leurs volcans éteints, dont les cratères sont convertis en lacs, Agnano, Astroni, le Monte Nuovo, sorti de terre en une nuit, le Monte Barbaro, la Solfatare, l'une des soupapes du Vésuve, et les flammes sulfureuses, le Lucrin, l'Averne, Pouzzoles et sa baie, Baïa et ses temples, Misène et son pont, la Mare Morto, et Cumes, et ceci et cela. C'est merveilleux, c'est éblouissant, c'est vertigineux ! C'est à s'agenouiller, avec les bons *Camaldoli*, pour adorer l'auteur de tant de prodiges de nature.

Ou bien, louant une chaloupe, nous faisons, à la tombée du jour, une promenade sur le golfe, le *Crater*, comme on dit ici ; et alors les brises parfumées, les senteurs d'orangers, des accords de harpes et de lyres, des chants de marins, barcarolles et canzoni nous arrivent de toutes parts. L'autre soir, quand nous revenions de l'une de ces navigations nocturnes, nous vîmes le feu se déclarer sur un vaisseau du Port-marchand, et s'élever, en gerbes brillantes, qui bientôt teignirent le golfe, la ville et les navires de leurs reflets. Ce fut un spectacle fantastique. Pas un matelot à bord. Nul être ne vint des quais ou du port même donner quelque secours. On ne peut comprendre une telle apathie. Le vaisseau brûla jusqu'à la flottaison. Tout Naples était là sur la Marinella pour jouir de ce grandiose et terrible incendie. On raconte qu'un mousse, grand amateur d'alcool, et resté seul sur le navire, voulant sans doute se livrer à sa passion en forçant un fût d'eau-de-vie dont le bâtiment était chargé, avec sa lumière, mit feu à une barrique. On n'a pas revu le pauvre enfant. De ma vie, je n'oublierai cet incendie en mer.

Souvent aussi, nous allons sur le môle où se tiennent les improvisateurs dont l'éloquence étonnante, pittoresque et poétique, nous intéresse autant que le peuple qui les entoure. Malheureusement ces improvisateurs deviennent rares. Rien de plus étrange que leur babil ! Leur verve est telle que pendant quatre et cinq heures ils tiennent, suspendus à leurs lèvres, les amateurs, qui ne les quittent que quand se tait enfin l'incroyable *improvisatore*.

C'est M. Valmer qui nous a joué un tour, hier, à la nuit ! Lorsque la journée n'a pas été trop brûlante, nous allons au théâtre de San-Carlo. Ce théâtre, le plus beau, le plus vaste du monde, est si mal éclairé, excepté aux fêtes de gala de la cour, qu'on semble perdu dans son immensité. Nous y avons entendu une jeune Française, *Irma Paul*, cachée sous le pseudonyme italien de *Donati*, qui a une voix charmante et des fioritures dignes de notre célèbre Marie Cabel. Donc, nous devions y aller hier, pour y voir la *Sonnambula*, et y entendre la prima dona de grand renom, la diva *Fioretti*, dont Naples raffole ; or, tu sais que ce théâtre de Naples est la pierre de touche du vrai talent, lorsque voici mons Valmer qui nous manque. Déjà l'heure du repas était venue ; point de Valmer ! L'heure du théâtre approchait ; pas la moindre trace de Valmer ! On envoie un peu de tous les côtés : personne ! Sais-tu bien ce qu'était devenu le digne homme ?

Il était solitairement assis, à la chute du jour, sur des décombres, en face d'une inscription antique, dans l'enceinte des ruines du *Teatro Antico* qui vit jadis et entendit le terrible Néron jouer la comédie et chanter, aux applaudissements forcés d'un peuple nombreux, au moment même d'une éruption du Vésuve et d'un tremblement de terre qui fit écrouler ce théâtre. C'était parmi les gradins épars, les pierres de l'orchestre et les marbres de la scène que M. Valmer errait et méditait, comme un autre Jérémie. Sans doute il reconstruisait, en esprit, les débris du théâtre, et évoquait l'ombre de Néron. Mais si Néron s'était montré à lui, j'imagine que notre ami eût été fort pressé d'abandonner les décombres. Du reste, depuis qu'il est à Naples et qu'il connaît le Pausilippe, Cumes, Baïa, Pouzzoles, Pompéïa et sa rue des Tombeaux, etc., on peut dire qu'il passe la vie parmi ces vieux murs qui jonchent le sol. Il est déjà connu dans la contrée pour aimer à se promener parmi ces ruines en vrai fantôme. Aussi le désigne-t-on sous le sobriquet de *Il spectro Francese di Rovine.*

On commence à voir, à Naples, une comète fort belle et dont on annonce des merveilles. Si vous la voyez à Paris, tant mieux ; si non, je t'en donnerai des nouvelles.

Que penses-tu de mon marivaudage, de mon bavardage, de mon caquetage, ma chère Pauline ? Tant pis, tu penseras ce que tu voudras, pourvu... que tu m'aimes toujours ! N'est-ce pas un peu mon métier de causer ? Laisse-moi donc à mon bonheur, celui de parler, et surtout de parler avec celle qui a une portion de mon cœur, une moitié de mon âme, et dont le cœur et l'âme sont aussi pour moi d'une véritable sœur.

FANNY D...

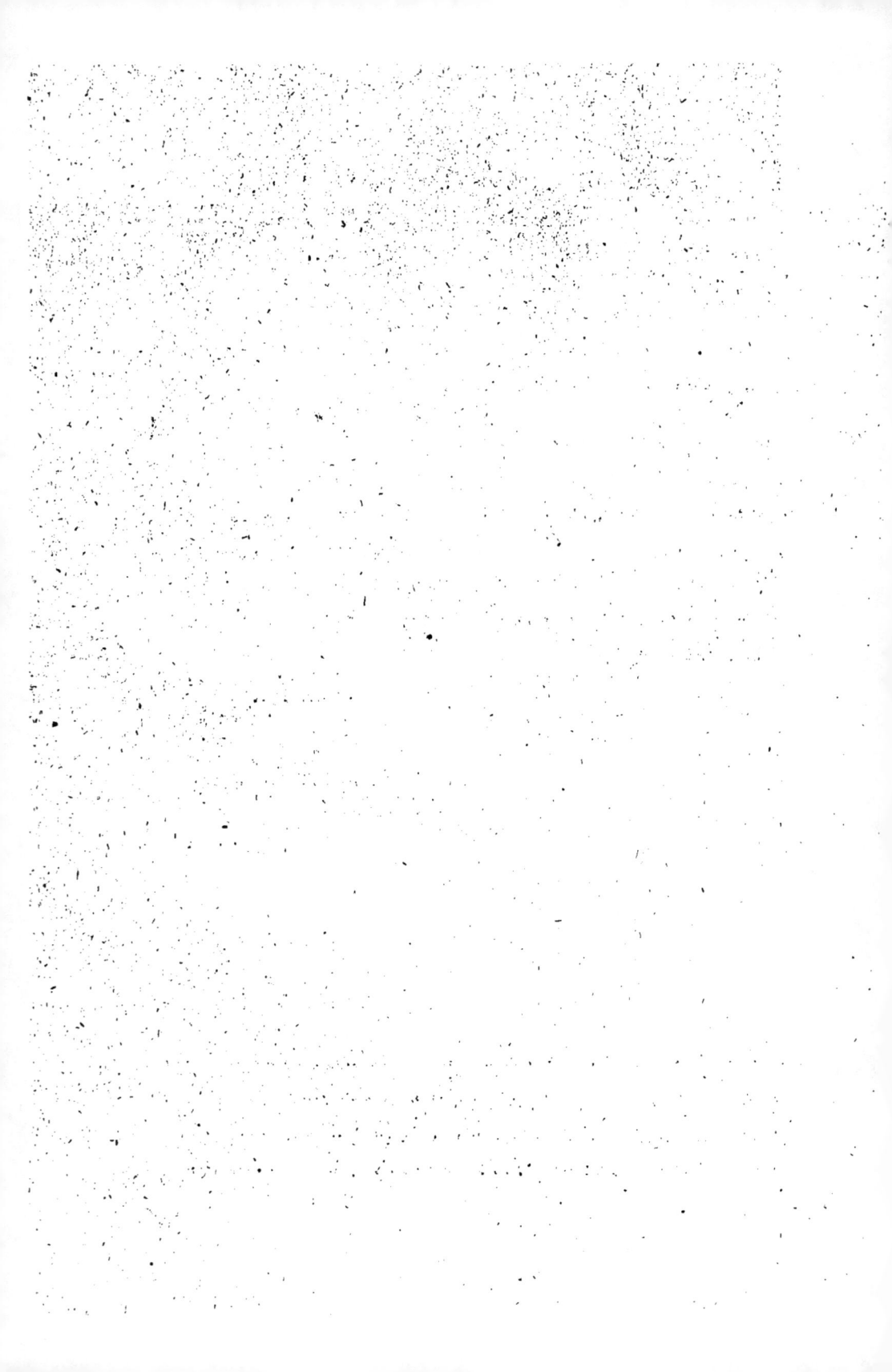

A Melle C... DESCAVES, A VERSAILLES

Naples, 20 septembre, 185...

Mademoiselle,

Jadis, dans un livre charmant, vous avez décrit l'Alcazar, le Xéniralif, l'Alhambra, que sais-je? tous ces merveilleux monuments dont les Sarrasins ont semé le sol dans leurs courses vagabondes à travers l'Espagne. Aussi je pensais à vous, tout-à-l'heure,

au moment de peindre les vieux châteaux de Naples, et, l'inspi-
ration me faisant défaut, je me rappelais, non sans admiration
avec quelle facilité votre plume détaillait sur le papier des joyaux
artistiques, dont alors nous croyons voir l'écrin s'ouvrir sous nos
yeux. Moins heureux dans mes essais de description, je me donne
cependant la satisfaction de vous adresser cette lettre, en vous
priant de l'accepter comme un témoignage des doux souvenirs qui
me restent de nos entretiens d'autrefois.

A Naples, dont je désire vous parler à certains points de vue,
on trouve rarement l'art et la beauté dans les constructions mo-
dernes. La nature de la contrée, pleine de sève et de vie, paraît
avoir exercé une fâcheuse influence sur l'architecture, et donné à
son style un caractère extravagant. A l'exception de l'Hôtel des
Finances, dans la rue de Tolède et du Palazzo-Réale, nous ne
remarquons, à Naples, aucun monument architectural important,
qui, soit à l'intérieur, soit à l'extérieur, ne frappe désagréablement
les yeux, tantôt par une surabondance détestable d'ornements
et de sculptures, tantôt par une déplorable uniformité, voire même
une sinistre nudité. En ceci, je fais même allusion aux églises,
dont aucune n'est véritablement remarquable par son architecture; et cependant il y a du choix, puisqu'on en compte cent
vingt-deux !

Lorsqu'on arrive à Naples par la mer, on découvre sur le rivage
trois forteresses qui défendent le pied de la ville, colosses qui font
l'effet de verrues affreusement placées sur une lèvre de corail
qu'elles déparent; et on en voit une quatrième, qui, semblable à
un casque de géant, protége le front de la sité. Cette dernières est
Sant'Elmo, le Château Saint-Elme; et les trois autres qui baignent

.eurs pieds dans la mer, sont, à gauche, le Castel dell'Ovo, le Château de l'Œuf; le Castel-Nuovo, au centre; et, à droite, le Fortino del Carmine.

Mais un de ces vieux manoirs, que l'on ne voit pas parce qu'il est entouré des hautes maisons de la ville, près de la porte de Capoue, et cependant le plus intéressant au point de vue de l'histoire et des souvenirs, est l'antique palais des rois d'autrefois, le Castel Capuano, autrement nommé la Vicaria.

Au temps où le tombeau de la Syrène Parthénope avait fait donner à la ville ce nom fabuleux et poétique, en face du quai actuel de Chiatamone, sortait des eaux du golfe, comme un navire éternellement à l'ancre, une île verdoyante sur laquelle le riche Lucullus avait une villa que l'on nommait *Castrum Lucullanum*, et autour de la villa des jardins, et dans les jardins des viviers, et dans les viviers de ces fameuses murènes, dont les Romains étaient si friands. Mais, les Romains occis par l'épée des Barbares, le Castrum Lucullanum, après avoir servi de prison au misérable et dernier empereur de Rome, Augustule, devint une ruine, que l'apparition du Christianisme fit nommer l'*Ile du Sauveur*. En 1154, Guillaume I, que l'histoire a flétri du surnom de *Mauvais*, à l'exemple de tous les tyrans, voulant assurer sa domination par la violence, fit venir l'architecte *Buono*, et lui commanda de fortifier cette île. Un Castel fut donc élevé, et, comme il affecta la forme d'un œuf, qui était celle de l'île, on l'appela le *Château de l'Œuf*. Ce manoir féodal, agrandi et terminé sous le règne de Frédéric II, en 1221, par les soins de *Nicolas de Pise*, reçut encore de nouveaux accroissements de Charles I d'Anjou, qui voulut y avoir des appartements pour les princes de sa famille, et une salle pour le *Tribunale della Regia Camera.* Enfin, Alphonse Ier d'Aragon, lui aussi, ajouta de nouvelles fortifications aux anciennes, et fit du Château-Fort une prison d'État. Hélène, femme de Mainfroi; plusieurs des Ferrante d'Espagne, et bien d'autres encore, y furent tour à tour mis dans les fers. Rien de plus sinistre que ce Château de l'Œuf, percé de très-rares fenêtres, fort étroites, composé de murailles grises d'un aspect sordide, lézardé par la vétusté, et jurant sur l'ensemble des quais si riants, si gracieux et si pittoresques. Quelques canons hérissent ses créneaux et ses plates-formes; et à cette heure il est la demeure des forçats. Le Château de l'Œuf n'est plus aujourd'hui qu'un bagne.

A partir du quai de Chiatamone, rétréci et masqué par le Château de l'Œuf, en passant par Santa-Lucia, on atteint l'arsenal, les ports, la darse et la douane, qui s'étendent au pied du Palais du Roi, en interrompant les quais. Mais, en tournant ces édifices, on retrouve la mer, et alors on est en face du *Castel Nuovo,* qui élève fièrement ses tours au-dessus du rivage, du Môle, etc., de la darse, de la douane et des ports. Figurez-vous, Mademoiselle, notre ancienne et célèbre Bastille, transportée à Naples par la baguette magique d'une fée, et vous verrez le Castel Nuovo. Cet édifice colossal fut construit sur le plan de *Ciovanni Pisano,* par ordre de Charles I d'Anjou, frère de notre Louis IX, en 1283. Alphonse d'Aragon en agrandit beaucoup les dépendances et modifia les fortifications, qui bientôt passèrent pour les plus formidables du temps. C'est ce prince qui fit élever les cinq tours qui donnent à ce château-fort sa ressemblance avec notre Bastille. Castel Nuovo servit aussi de prison à des conspirateurs : le comte de Sarno, F. Copola, Antonello Petrucci, les comtes de Carinola et de Policastro, etc., y furent enfermés dans la *Torre di S. Vin-cenzo*. Mais ce qui fait la gloire et la curiosité de cette vaste Bastille, le voici :

Du côté de la ville, entre deux tours, s'élève un *Arc-de-Triomphe* des plus beaux, construit, sous Alphonse I d'Aragon, par *Giulian di Majano*, d'après *Vasari*, et par un Milanais du nom de *P. di Martino*, selon les Napolitains. Quoiqu'il en soit, ce monument est remarquable. Il se compose de quatre colonnes cannelées, d'ordre corinthien, surmontées d'un entablement qui porte cette légende :

Alphonsus Rex Hispanus Sicules Italicus Clemens Invictus.

La Corniche est dominée par trois ordres d'architecture. Le premier est surmonté d'un haut-relief représentant l'entrée triomphale d'Alphonse I à Naples, le 27 février de 1443. On lit sur la frise :

Alphonsus Regum Princeps Hanc Condidit Arcem.

Le second ordre est décoré de quatre colonnes avec deux statues, et le troisième de quatre statues placées dans autant de niches, qui figurent les quatre vertus du souverain. Ce troisième ordre est terminé par un hémicycle surmonté des statues de saint Michel, de saint Antonin, abbé, et de saint Sébastien, œuvre de *Giovanni da Nola*, et placées au faîte de l'édifice par ordre de Pierre de Tolède. Enfin, en outre de ces décorations, l'Arc-de-Triomphe est enrichi d'une quantité de bas-reliefs et de toute sorte d'ornements en marbre, ouvrage des meilleurs sculpteurs italiens de l'époque.

Cet Arc de Triomphe forme l'une des entrées du Castel-Nuovo. Ses portes sont de bronze; elles se composent, à leur tour, d'autres bas-reliefs qui rappellent les évènements relatifs à Ferrante I et à la conspiration de ses barons. Dans un des panneaux de bronze on voit un boulet encore incrusté dans le métal. Ce boulet fut lancé par les Français, au siége de Naples en 1505.

La porte franchie, on se trouve en face de *l'Eglise de Notre-Dame-de-l'Assomption*, élevée par Charles I d'Anjou. Les marbres les plus précieux et de riches colonnes en décorent le portail. Quant à l'intérieur, *Jean de Bruges, Donatello, A. Rosselino* et *J. Ribera* ont tous contribué à son ornementation.

En sortant de l'église, si on prend, à droite, un escalier qui mène à une grande salle qui jadis servait de *Salle de Réception* aux primats de la maison d'Aragon, on pénètre dans l'*Arsenal de l'Armée*, car cette salle renferme des quantités prodigieuses d'armes rangées avec la plus grande symétrie. Dans cette immense galerie eut lieu la fête du mariage de la fille du comte de Sarno avec le fils du Duc de Melfi. Mais au milieu des réjouissances, on arrêta subitement les principaux personnages compromis dans la conspiration des barons contre Ferrante I.

Du *Fortino del Carmine*, qui occupe l'angle oriental de Naples, et qui, avec sa grosse tour ronde, ne laisse pas d'avoir une mine assez rébarbative, je vous dirai peu de chose, si ce n'est qu'il fut commencé sous ce Ferrante I, sur le plan de *B. da Majano*, et achevé dans le XVIIe siècle. Il commande le golfe du côté de Portici, et tient en respect le quartier le plus turbulent de Naples, celui des lazzaroni, qui, comme le fameux Masaniello, demeurent dans le voisinage de Largo del Carmine ou del Mercato, et dans les rues qui toutes aboutissent au quai de la Marinella.

Comme je vous l'ai dit au début de cette lettre, Mademoiselle, le château Saint-Elme sert de diadème à la colline qui porte Naples, ou la haute ville, et il commande à la cité toute entière, même à la ville-basse, qu'il pourrait foudroyer, au besoin. On ne connaît pas l'époque de sa fondation : on suppose toutefois qu'il date du règne de Charles II d'Anjou. Il porte le nom de Saint-Elme, qui avait autrefois une église au sommet de la colline. Les fortifications qui l'entourent sont de l'empereur Charles-Quint, et l'architecte militaire *L. Scriva* dirigea leur construction, qui se fit en 1538. L'aspect de ce château est des plus heureux ; et s'il couronne dignement la tête de Naples, la Certosa di San-Martino, placée un peu au-dessous, lui tient parfaitement lieu de collier royal. Ces deux édifices donnent au paysage et à l'ensemble de la ville un relief qui en complète la merveilleuse splendeur.

J'ai hâte maintenant de vous faire descendre dans ce vaste pli du sol qui sépare la ville-haute du Vésuve, et dans lequel s'est étalée la ville-base, la partie la plus ancienne de Naples. C'est là que, nonobstant l'espace qu'elles auraient pu se donner, des milliers de rues se sont serrées les unes contre les autres, se faisant régulières, mais étroites afin d'avoir plus d'ombre, et surtout, par incurie, devenant fort immondes. Une vaste enceinte de murs, avec tours, percée de la *Porta del Carmina*, renforcée de deux donjons, le *Fedelissima* et le *Vittorio*, en piperne, et de la Porta Capuana ; bornée au nord de la haute colline de Capo di Monte, au nord-est par les *Campi-Santi*, placés dans la vallée à côté de l'Albergo dei Poveri, et à l'est par la plaine qui s'étend au pied du Vésuve, compose la ville antique.

Pour arriver à l'édifice que je veux vous faire connaître, il faut atteindre la *Porta Capuana*, à l'extrémité de la ville, à l'orient. Cette porte est ainsi appelée parce qu'elle conduit à Capoue. Cette entrée de la ville est ornée de deux tours en piperne, l'*Honore et la Virtu*. Son frontispice est décoré de superbes sculptures dues au ciseau de *G. dà Majana*. Elle vit, en 1140, Roger II entrer à Naples pour la première fois, après qu'il se fut réconcilié avec Innocent II. Elle fut également témoin de la marche triomphale de Charles-Quint, en 1535, lorsque ce prince vint visiter sa bonne ville de Naples.

A l'occasion de ces deux portes que décore le buste de saint Gaëtan, je vous dirai de suite que les deux autres portes de la ville, *Porta Nolana*, flanquée de la *Torre la Speranza*, et de la *Torre la Cara Fé*, et la *Porta San Gennaro*, ornées des fresques du *Calabrais*, aujourd'hui presqu'effacées, sont également décorées du buste du même saint, par suite du vœu que fit la municipalité en l'honneur de ce San Gaetano, lors de la peste de 1656

Donc, à la droite de la porte de Capoue, dont il prend le nom, voici le *Castel-Capuano*. Y a-t-il rien au monde de plus sinistre que cette antique demeure, vaste assemblage de constructions noires, caduques, tatouées de balafres et de cicatrices, dont les fenêtres grillées, aux baies profondes, vous regardent de travers? Certes ! on ne croirait jamais que cet immense et lugubre édifice fût le palais des rois de Naples dans les premiers âges de l'ère chrétienne ! Et, si l'on n'y voyait encore au-dessus de la porte l'Aigle d'Autriche et les Colonnes d'Hercule des armes espagnoles, on croirait plutôt que l'on est en face des forges habitées par les Cyclopes et les Cabires de Lemnos. Mais non, c'est bien le château

que fonda Guillaume le Mauvais et qu'acheva Frédéric II, qui en
fit sa résidence en 1231. Combien de drames sans nom se passèrent dans cette funèbre enceinte? Nul ne saurait le dire. C'est là
que demeurèrent nos princes d'Anjou, Charles Ier et II, le grand
Robert, Jeanne Ire de Naples, et c'est de là qu'elle conduisit à
Averse, avec des pensées homicides, son époux, Louis de Hongrie.
C'est là aussi que *la Catanaise* prépara les engins de mort qu'elle
livra aux conspirateurs. C'est là que *Covella Ruffo*, duchesse de
Sesse, fit poignarder le favori de Jeanne II, *Sergiani Caracciolo*,
dans la nuit du 25 août 1432 ; que les Durazzo et les rois d'Aragon
dictèrent leurs lois aux Deux-Siciles ; que les Vice-rois d'Espagne
fixèrent leur séjour, d'où fut donné au Castel-Capuano le surnom
de *Vicaria* qu'il porte encore aujourd'hui, et qu'enfin vint *Masaniello*, livrer sa tête à la main flatteuse d'un pouvoir qui sut bien
vite la faire tomber. Aussi, je vous laisse à penser quels souvenirs
rappelle ce manoir, sombre et terrible, à ceux qui se sont péné-
trés de l'histoire de Naples, avant de voir la ville et afin de mieux
juger les faits. Il semble, quand on a pénétré dans la grande cour
de l'édifice, que l'on va voir errer, dans la pénombre, les spectres
de tous ces personnages, sous les arceaux des grands portiques qui
forment l'enceinte intérieure du palais. Il n'en est rien ; et voici ce
qui frappe les regards.

Dans la foule qui afflue du côté de la Vicaria, mouvement tout
napolitain, rapide, papillonnant, désœuvré, en quête de nouvelles. Sous la poterne gardée militairement , mais à demi-entr'ouverte, et dans les cloîtres et les galeries de la cour, agitation de
mille individus, allées et venues d'hommes à visages rebarbatifs,
étrangement costumés; causeries affairées d'autres personnages
tout de noir habillés; rires étouffés; paroles oiseuses. Tous ces

gens-là ne paraissent avoir aucun souci des horreurs du lieu, de ce lieu tant sinistre....

Comment ne le serait-il pas? En 1540, le vice-roi, Pietro di To-ledo, tout en habitant ce palais, y réunit tous les tribunaux qui étaient épars dans la ville. Ainsi le Castel-Capuano, ou la Vicaria, devenait le Palais de Justice. Après Pierre de Tolède, et quand les princes cessèrent de résider dans ce vieux manoir, on convertit tout le rez-de-chaussée de l'édifice en prisons et en cachots, et l'on attribua tout le premier étage aux prévenus. Or, comme le Napolitain n'a pas honte de la prison, ne craint pas de s'y faire mettre, et que les crimes de vengeance, d'homicide, de vols, etc., sont assez communs; comme il est d'usage, parmi ces messieurs de la Justice, de faire durer le plus long-temps possible la préven-tion des gens arrêtés et de perpétuer, pendant des années, l'ins-truction d'un crime, il n'est pas étonnant dès-lors que l'aspect de la Vicaria, à l'extérieur et à l'intérieur, soit funèbre, puisque c'est un édifice séculaire quant au corps, et le receptacle de l'écume de la société, quant à l'âme.

Nous avons obtenu, par une protection spéciale, l'autorisation de visiter la Vicaria. A titre d'humanitaire, c'était bien le moins que je me rendisse compte de cette terrible prison dont on disait des horreurs.

Ainsi donc, dans la Vicaria, souvenirs d'autrefois; de nos jours, Palais de dame Justice.

Des souvenirs d'autrefois, plus de traces. La pioche du maçon a tout transformé. On fait dire où étaient les appartements des Prin-ces; mais les modifications qu'ils ont subies ne permettent plus de

les reconnaître. Reste seule la *Grand'Salle du Palais Capuano.*
Elle est telle que la firent les différents souverains ou vice-rois qui
habitèrent la Vicaria. C'était la salle de réception. Elle reçoit encore les joueurs qui veulent bien jeter leur argent dans la gueule
du monstre qui a nom loterie, car dans cette salle qui vit tant
d'illustres héros, le peuple de Naples vient, tous les samedis,
assister au tirage des numéros qui doivent le ruiner ou l'enri-
chir.

On nous avait parlé des cachots de la Vicaria comme d'un épou-
vantable séjour. On serait tenté de le croire, quand on voit tirer
les énormes verrous de ces antres et que l'on entend rouler sur ses
gonds la lourde porte de fer qui les clôt. Eh bien ! notre surprise
a été grande. Figurez-vous des voûtes passablement élevées, des
murailles blanches et pures, un air salubre, du jour en suffisance.
Seulement, le lit d'étoupes, au lieu de reposer sur une couchette,
est posé à même sur le sol.

Malheur à qui entre dans la Vicaria ! car il ne sait quand il en
sort. Rien de plus lent que l'instruction des causes et leur procé-
dure. Sous prétexte d'augmenter les garanties des inculpés et de
sauvegarder l'innocence, les moindres incidents donnent lieu à
un examen traîtreusement minutieux. Quant à la police, qui serait d'un si grand secours pour éclairer les affaires les plus téné-
breuses, zéro. La police n'a l'œil que sur les choses de la politique. Oh ! ne touchez pas à la hache ! par exemple. La police
n'existe à Naples que pour faire la chasse aux barbes d'un certain
genre, aux chapeaux d'une certaine forme, aux habits d'une certaine coupe, aux touristes de certaines contrées. Du reste, tuez-
vous, assassinez-vous, soyez arrêté par des voleurs, détroussé,

pillé, mis à sec, peu emporté ! La police alors est à l'état de mythe. Bien plus, si elle agit, c'est pour son propre compte. Ainsi, un étranger est volé, à minuit, dans la Stada Montoliveto, près de la poste aux lettres : il court à un bureau de police, sur le Largo di Castello-Nuovo, tout près de là. Sa plainte est faite avec chaleur. L'homme qui reçoit sa déposition a sans doute mal aux dents, car il se cache le visage dans son mouchoir ? Pas le moins du monde : c'est le voleur lui-même ! — Un malheureux marchand est poignardé devant sa boutique. Les meurtriers prennent la fuite ; les spectateurs du crime en font autant. Ils savent qu'il est mal sain de rester. Un passant, touché du piteux état du blessé, s'approche et le relève. Arrivent les sbires. Faute des meurtriers, le passant est saisi, nonobstant sa bonne action, et on le met en prison. Heureux si on le laisse vivre à l'ombre du cabanon, au lieu de le prendre ou de l'envoyer aux galères !

La police s'occupe spécialement des touristes. Les touristes sont si dangereux, le Français surtout ! C'est un colporteur de révolution... Un jour, je suis mandé à la préfecture de police, moi, moi Valmer, Mademoiselle. Je me rends, l'oreille basse, au Largo di Castello : j'arrive dans un flot de monde qui se bouscule. C'est égal, on me reconnaît soudain, comme si j'étais un hôte du logis, et jugez de mon étonnement quand je m'entends dire :

— M. Valmer, vous resterez à Naples huit jours, huit jours seulement !...

Notez que je suis à Naples depuis un mois bientôt.

Le parloir est la partie la plus excentrique de la Vicaria. Séparés par une double grille, prisonniers et visiteurs s'interpellent brusquement, gesticulent avec animation et se contemplent les uns les autres d'un air de tendre satisfaction. Autant on trouve peu l'expression du remords et des regrets sur le visage des condamnés, autant on rencontre peu celle du mépris ou de la pitié dans les yeux de leurs amis, et surtout de leurs amies, dont, en toute autre occasion, l'empressement et le zèle auraient quelque chose de touchant. Tout ce peuple semble se dire : *Hodiè tibi, cràs mihi!* C'est ton tour aujourd'hui, ce sera le mien demain. En effet, à Naples, le séjour de la prison n'a rien d'humiliant, comme la présence des forçats dans la rue n'excite aucun dégoût. Au contraire, les petits vols, comme les grands crimes, vous posent en héros : on vous loue presque, on vous admire; tout au moins on vous aime :

— *Caro mio !... Povero amico !... Poveretta Sorelle !* etc.

Telles sont les tendres expressions qui sortent de toutes les bouches, et frappent d'autant plus les oreilles qu'elles sont dites de la façon la plus tendre.

Mais assez sur la Vicaria. Vous pourriez croire que je vous prends pour un procureur-impérial.

Puisque nous avons entrepris une excursion monumentale et que je viens de vous parler de vieilleries, *Anticaglia*, comme on dit ici, par opposition et pour faire contraste, je vais vous crayonner l'édifice moderne du *Palazzo Reale*, la demeure des rois de Bourbon.

C'est d'ordinaire, dans l'après-midi, que l'on peut visiter les édifices civils, à Naples, et c'est à cette heure qu'une aimable famille de la colonie française nous a fait les honneurs du Palais du

Roi. Lorsque nous arrivions sur le Largo di Palazzo qui le précède et auquel fait face aussi la colonade de l'église de Saint-François de-Paul, une parade militaire avait lieu sous le péristyle du palais. La musique de la Garde Royale se prit à jouer soudain. Je ne fus pas peu étonné de voir aussitôt toutes les personnes, en très-grand nombre, qui traversaient le Largo, s'arrêter subitement, se découvrir, s'incliner même, et rester immobiles. On me dit alors que la musique exécutait l'air national bourbonnien, et que l'étiquette exigeait que tout passant s'arrêtât et prît une pose respectueuse. Nous nous arrêtâmes donc, chapeau bas, et nous restâmes muets tant que la musique se fit entendre. Puis, la cérémonie faite, chacun reprit sa marche. Nous pénétrons dans le palais.

Le Palais-Royal de Naples a été construit par le vice-roi d'Espagne, comte de Lemos. *Domenico Fontana* fut choisi pour composer les plans et dirigea les travaux. L'édifice occupe une position magnifique : il est rare que l'on puisse placer aussi agréablement une résidence royale. L'une des façades, décorée de terrasses étagées et que peuplent des orangers, des citronniers, et des arbustes fleuris de toutes les espèces, regarde la mer au loin, les îles bleues qui nagent dans l'éther et sur les eaux, le golfe et son immense enceinte de collines, le Vésuve, les Arsenaux, les Ports, la Bastille du Castel-Nuovo, Santa-Lucia, la Marinella, etc. L'autre façade, celle qui regarde le Largo di Palazzo-Reale, vis-à-vis la Cheisa S. Francesco di Paola, est la plus splendide. Son développement ne compte pas moins de cinq cent vingt palmes napolitaines, et sa hauteur est de cent dix. Ses décorations consistent en trois rangs de pilastres d'ordres différents, placés les uns sur les autres; et gracieusement couronnés d'une immense corniche garnie alternativement de pyramides et de vases. Il ne reste plus de Fontana que cette seule façade. Le reste a été modifié à diverses reprises, mais surtout après l'incendie de 1837. Le Théâtre San-Carlo est accolé à la partie du palais qui regarde la ville, et des jardins et des communs s'étendent sur le dernier côté de ce vaste édifice. La grande cour est ornée de deux rangs de portiques, l'un placé au-dessus de l'autre, auxquels conduit un superbe escalier décoré à sa base des statues colossales de l'Ebre et du Tage. Les vastes appartements de parade, ouverts les grands jours de cérémonie et de gala, pour complimenter le roi, et lui rendre l'hommage du baise-main, sont enrichis de précieuses peintures à l'huile.

Je devrais aussi vous esquisser quelque peu le colossal *Château de Capo de Monte*, placé sur la délicieuse colline de Capo di Monte, qui domine Naples et son merveilleux horizon ; vous raconter qu'il fut construit par Charles III de Bourbon, en 1789, et achevé en 1834, par Ferdinand II, le souverain actuel ; vous faire visiter avec nous les riches appartements qui le composent et occupent les quatre ailes du manoir royal, et les belles peintures qui les décorent ; enfin, vous dessiner les superbes jardins anglais qui lui servent d'encadrement. Mais j'aime mieux occuper votre imagination des fêtes dont Naples est souvent le théâtre, et auxquelles nous avons eu la très-heureuse chance de pouvoir assister.

Le peuple de Naples a toujours été passionné pour les fêtes. « Notre ville, dit la Fiammetta, dans *Boccace*, plus que toutes les autres villes italiennes, abonde en fêtes charmantes et réjouit tous ses citoyens, non-seulement par les bains et les rivages de sa baie, mais par le grand nombre et la variété de ses jeux. Elle doit surtout sa splendeur à ses fréquents tournois. Dès que le mauvais temps de l'hiver est passé, et que le printemps avec les fleurs, l'herbe nouvelle, a rendu au monde ses beautés perdues, que les jeunes esprits, réchauffés par ces beautés et la qualité du temps, sont, plus qu'à l'ordinaire, prompts à montrer leurs désirs, c'est un ancien usage d'inviter, les jours les plus solennels, aux loges des chevaliers les dames nobles qui s'y rendent ornées de leurs plus précieux joyaux. Je ne crois pas que les belles filles de Priam, suivies des autres femmes phrygiennes, quand elles allaient fêter ce roi, offrissent un plus brillant aspect que celui que présentent, en divers lieux, nos dames napolitaines..... Je dis donc que nos princes arrivent sur des chevaux si légers à la course qu'ils surpasseraient, non-seulément les autres animaux, mais encore le plus rapide des vents. La jeunesse, la beauté merveilleuse, le courage qui se montrent en ces princes, les rendent d'un aspect on ne peut plus gracieux. Ils paraissent, ainsi que leurs chevaux, couverts de pourpre et de tissus de l'Inde de diverses couleurs, brochés d'or et garnis de perles et de pierreries précieuses. Leur blonde chevelure, tombant sur de très-blanches épaules, est arrêtée au-dessus de la tête par un mince cercle d'or ou par une petite guirlande de feuilles nouvelles... »

« Quelques-uns de ces tournois napolitains, écrit M. Valery, offrent un singulier contraste de pompe et de barbarie. Pétrarque rapporte qu'il avait assisté, sur la place Saint-Jean-Carbonara, — ce Largo changé en Strada di San-Giovanni à Carbonara, qui s'étend de la Vicaria à l'église San-Giovanni, — à de véritables combats de gladiateurs renouvelés du Colysée des anciens, et exécutés en présence de la reine Jeanne I, du duc de Calabre, André, son mari, de la cour, de l'armée et du peuple, qui applaudissaient avec enthousiasme à ces égorgements. Le bon Pétrarque vit tomber à ses pieds un très-beau jeune homme, percé d'un glaive. Glacé d'horreur, il donna de l'éperon à son cheval et s'enfuit de cet infernal spectacle... »

En effet, le goût des tournois s'était accru à Naples depuis la domination des rois de la famille d'Anjou. Charles I, le superbe fondateur de cette dynastie, était passionné pour ces jeux où son adresse le faisait briller. Les Annales du temps racontent même qu'une des causes pour lesquelles saint Louis le vit avec plaisir entreprendre l'expédition de Naples, fut qu'il bouleversait la France par sa fureur pour les tournois.

« Le grand roi, Alphonse d'Aragon, ami des vers et de la musique, donna, sur cette même arène de Saint-Jean-Carbonara, ajoute M. Valery, un brillant tournoi, dans lequel les chevaliers de Sicile et de Catalogne combattirent, en costumes d'anges, contre les chevaliers de Capoue, vêtus en démons. Après la fête, un éléphant de bois, monté sur des roulettes, parcourut la ville, ayant dans sa tour un grand nombre de musiciens qui chantaient et jouaient de divers instruments. »

Du reste, pour montrer jusqu'à quel point le luxe et l'amour de l'éclat dominait à Naples, même dans les temps reculés déjà, ne suffit-il pas de rappeler que l'ambitieuse Béatrix de Provence, femme de Charles I d'Anjou, entrant à Naples, en 1266, était à demi-couchée sur un carrosse couvert de velours bleu céleste brodé de lis d'or, et entourée d'une escorte de quatre cents gentilshommes richement vêtus, spectacle magnifique et nouveau pour le peuple napolitain. Cette femme avait l'âme chevaleresque autant que le bras, car elle avait elle-même combattu et battu en Lombardie les Gibelins alliés de Mainfroi, le ravisseur du trône de Naples au vis-

à-vis de l'infortuné Conradin. A propos de ces carrosses, n'aimez-
vous pas mieux, Mademoiselle, comme moi, les chevauchées du
moyen-âge dont on attachait les haqnenées et les palefrois aux
rudes et riches anneaux de fer que je trouve encore partout aux
murs extérieurs des palais, en Italie, pendant que leurs maîtres
étaient en visite? Les voitures, les litières et les coches, à mon
avis, furent une véritable décadence.

Mais parlons de la fête moderne qui égaie Naples, de la *Fête de
Pie-di-Grotta*, fête éminemment nationale, fête royale et militaire
tout à la fois. C'est tout simplement, quant au fond, un pèlerinage
du roi à la Madone de Pie-di-Grotta, ou du Pied de la Grotte de
Pausilippe. Mais comme du Palazzo Reale à Pausilippe, il faut
suivre l'immense et merveilleuse ligne des quais, on a l'occasion
de déployer un cortége militaire d'un aspect splendide, surtout
sous le beau ciel de Naples.

Cette fête a lieu, tous les ans, et a eu lieu, cette année, le 8 septembre. C'est Ferdinand I qui institua cette cérémonie religieuse,
pour remercier la Madone quand il entra dans Naples, après le départ des Français, en 1799. Tous les rois ses successeurs suivirent
ce pieux exemple, même Murat, qui trouva la fête de Pie-de-Grotta
devenue tellement nationale, qu'il n'osa pas la supprimer, imita
ses prédécesseurs, et fit le pèlerinage.

Dans la semaine qui la précède, les troupes arrivent à Naples de
toutes les garnisons du royaume, des étrangers par milliers, et
surtout des gens de la Pouille, des Abbruzzes, des Calabres, de la
Sicile, dans les costumes les plus curieux, surtout les femmes. Les
hommes ressemblent complétement aux brigands de nos mélodra-
mes : culottes courtes, vestes décorées de boutons en chapelets,

chapeau pointu avec rubans et boucles d'oreilles comme des roues de voiture. Mais les femmes portent l'ancien costume, dont l'origine se perd dans la nuit du temps, costume superbe de formes, d'étoffes et de richesses; boucles d'oreilles à rosette de perles, justaucorps écarlate galonné d'or, ample jupon plissé à franges d'argent, bijoux sur la tête et au cou absolument semblables à ceux que l'on déterre sur les squelettes à Pompéi. Malheureusement tout cela est fort sale, car on ne nettoie rien dans ce bienheureux pays, et, comme ces habillements passent de génération en génération, ils portent sur eux la poussière des siècles. La veille de la fête, la foule la plus bariolée circule dans la ville, et se coudoie en flots pressés. Pour permettre au bas peuple d'avoir un asile, et de dormir, on lui ouvre le jardin du quai de la Chiaja, la Villa Réale, où il couche, où il boit, où il mange, et qu'il foule à le rendre méconnaissable. Le soir, et pendant toute la nuit, nuit pittoresque au possible ! les quais flambloient *à Giorno*. On danse la tarentelle au son du tambourin et des castagnettes, ici ; là on chante, aux accords de la guitare, de ces airs nationaux qui ont un caractère étrange. Ils tiennent un peu des mélodies arabes, des boléros espagnols, et de l'armonie italienne. Tout ce mélange produit un effet aussi agréable que bizarre. Les jeunes filles de Naples ne daignent pas se mêler aux villageois, pour danser et chanter; et si la lune veut bien se mettre de la partie, comme elle le fit l'autre soir, cette nuit joyeuse est une nuit charmante. Partout des boutiques sont improvisées, et l'on y vend de tout, mais notamment des thyrses, le thyrse des anciennes bacchantes. C'est une lance ornée de feuillages, de fleurs, de fruits, de flûtes de Pan et de tambours de basques. Le calme ne se fait que vers deux heures du matin, et à peine cinq heures sonnent-elles, que Naples est debout, car il s'agit de se trouver une place pour le spectacle du jour.

Vous dire l'affluence énorme de curieux qui, dès le matin, encombrent les rues, serait impossible. C'est une mosaïque de têtes, de vêtements, et de coiffures à nulle autre pareille ; les prêtres, les moines et jusqu'aux religieuses ne manquent pas à l'appel. Vers midi, on peut signaler à l'œil nu les sergents-de-ville, en uniforme, et le fusil en bandouillère, s'embusquant à l'entrée des voies les plus passantes. C'est la première fois que je les vois se montrer avec leurs insignes. Quant à la Strada di Toledo, c'est une armée de trente mille hommes qui la remplit. Mais quand lui est donné le signal, elle se met en marche, et défile sous le balcon du Palazzo Réale, qu'occupent le roi, la reine, et les princes et les princesses de la famille de Naples, et va former deux haies immenses dans toute la longueur des quais. Je ne vais pas vous décrire régiment par régiment, ni l'artillerie, ni la cavalerie, ni l'infanterie : toutes les armées du monde ne se ressemblent-elles pas... à la parade? En vérité, les troupes napolitaines, dont les Suisses font partie, sont belles et bien tenues ; mais, pour les juger, il serait bon de les voir sur le champ de bataille. Ce que j'ai le plus admiré, ce sont les musiques et les chevaux. Les premières ont une extrême mélodie qui les rend peut-être moins guerrières que les nôtres, mais qui les fait trouver plus agréables. Quant aux seconds, ce sont de petits chevaux siciliens, noirs comme l'ébène, dont le naseau et l'œil sont tellement rosés, qu'on croirait qu'ils imitent nos parisiennes, en aidant la nature avec du carmin. J'ajoute qu'ils piaffent d'une façon si gracieuse qu'on en reste émerveillé.

Après cette prétendue revue, qui n'est qu'un défilé, et toutes les troupes ayant pris leurs positions respectives, les ministres, ambassadeurs, le roi, la reine, les princes montent dans leurs voitures, et le pèlerinage commence. Franchement je n'ai jamais rien vu à Paris d'aussi beau, d'aussi majestueux, d'aussi splendide.

Une masse de gardes-du-corps, à pied, culottes blanches, guêtres noires, bonnets à poil, et hallebardes au bras, formée en carré, et précédée de ses tambours, ouvre la marche.

Suit une voiture vide, glaces et or, attelée de huit chevaux blancs, avec harnais or et velours cramoisi, plumes blanches, et quatre valets tenant l'attelage en laisse. On nomme ce carrosse la *voiture du Respect*. Elle doit servir au roi et à la reine, au cas où leur voiture subirait quelque accident. Vous ne sauriez imaginer les mille drôleries que le peuple aime à répéter à l'endroit de ce carrosse, toujours vide, et, en toute occasion, précédant à distance la voiture de L. L. M. M.

Après la voiture du respect, une, deux, trois, quatre, cinq et six autres voitures, plus riche l'une, plus somptueuse l'autre, toutes attelées de huit chevaux, quelques-unes, conduites à la Daumont, s'avancent et laissent voir des généraux, des chambellans, des ministres, et que sais-je?

Quatre gardes-du-corps, casqués, cuirassés, le panache ondoyant, au poing le mousqueton, paraissent alors, largement espacés, et suivis de hérauts d'armes, et de six coureurs, tout comme au moyen-âge, vêtus de soie bleue brodée d'argent, en culottes blanches, en bas couleur de chair, coiffés de ces petits toquets à plumes avec plaque d'or droite au lieu de visière, semblables enfin aux anciens coureurs de nos derniers seigneurs.

Carrosse en argent, couronné de hautes plumes d'autruche agitées par la brise , traîné par huit chevaux blancs de la plus belle. encolure tenus par de nombreux valets en livrée royale. Cette fois c'e t S. M. le roi Ferdinand II, haut de taille, peu gracieux de visage, en tenue militaire ; c'est S. M. la reine, riche toilette blanche, médiocre stature, visage grave. L'un et l'autre saluent à droite, saluent à gauche. On les acclame avec bruit. Voici donc ce monarque dont le gouvernement mécontente l'Europe ! Les persécutions diplomatiques, dont il a la bonne fortune, font de ce prince une sorte de martyr , presque un héros. Les mérite-t il ces titres glorieux ? Toujours est-il que ce peuple qu'on dit si malheureux se croit très-heureux. Mais à quoi bon, Mademoiselle, vous analyser un homme que ses actes mettent à découvert. Saluons. S. M. et laissons la passer.

Voici venir un autre bataillon de gardes-du corps à pied, puis un escadron des guides dont la musique fait entendre de joyeuses fanfares, puis une neuvième voiture, à six chevaux, avec escorte de gardes-du-corps, dans laquelle on nous signale le prince héréditaire, enfin jusqu'à vingt autres berlines, où avec escorte de gardes ou de hussards, tour à tour, nous voyons les fils et les frères du roi, ses filles, dont la toilette simple et surtout le visage modeste charment tous les regards, et les dames d'honneur et d'atours à n'en plus finir... Enfin, la marche est terminée par un dernier escadron de hussards précédé de la brillante musique.

Pendant ce long et solennel défilé, tonnent l'artillerie des forts et des châteaux, le canon du port et les couleuvrines des navires en rade ; les cloches de toutes les églises font retentir leur joyeux carillon ; le peuple s'égosille et pousse des cla-

meurs formidables; les collines du rivage répéfent avec fracas
les explosions de la ville et du golfe; et il y a dans l'air, pla-
nant avec majesté, de ces rumeurs de fête que la plume ne saurait
exprimer.

La famille royale et sa suite descendent en face de l'église,
prient pendant un quart d'heure aux pieds de la Madone; puis le
cortége reprend sa marche entre la haie rouge des suisses et la
haie bleue des soldats napolitains. Enfin la Festa di Pie-di-Grotta
se termine, le soir, par la joie bruyante d'une foule immense
qui ondule dans la ville, et, à la cour, par le gala somptueux qui
lui est propre.

On appelle *gala*, à Naples, la fête de table que donne le roi
dans son palais, et qui, d'ordinaire, est suivie d'une grande représentation dramatique au théâtre de San Carlo, attenant à la demeure royale, et quelquefois, en hiver, d'un bal très-brillant, paré,
masqué, travesti. Les ministres, les ambassadeurs, les généraux,
les officiers supérieurs, tous les personnages de la machine gou-
vernementale, et quelques rares privilégiés, sont admis à ces
galas. Ils ont lieu particulièrement à la Saint-Charles, le 4 novem-
bre, et aux jours gras. L'éclairage est féerique alors, et le service
de la livrée très-attentif. Des rafraîchissements parfaits se distri-
buent avec profusion, et, paraît-il, c'est dans ces réunions splendides que l'on peut juger de la politesse et de la bonhommie qui distinguent les hautes classes de la société napolitaine. Malgré les
restes d'une certaine morgue espagnole, la souveraineté de Naples
s'y montre généreuse, gracieuse, car elle aime son peuple. Il
arrive même que, pendant le carnaval, le roi qui, le matin, dans
la Strada di Toledo, a reçu des dragées et en a jeté, comme tout le

monde, en compagnie de la reine, laquelle, de son côté, a figuré dans quelque mascarade, se mêle, le soir, à San Carlo, dans la foule des masques, et y affronte gaiement les lazzi et les plaisanteries.

En général, à la sortie de l'opéra, pendant la belle saison, le beau monde va souper à Santa-Lucia, à notre Hôtel de Rome. Alors les tables se dressent sur la terrasse baignée par les flots. On fait cette partie, surtout au clair de la lune, afin de contempler le ravissant spectacle que présente le golfe dans lequel se réflètent l'éclat argenté des rayons de l'astre et les lumières des barques de pêcheurs, tandis que le Vésuve étincelle ou répand sa fumée rougie, qui, peinte d'azur par la lune, dessine un arc-en-ciel dans la nuit.

La fashion napolitaine soupe aussi au Pausilippe, chez Frizzi, qui nous a cependant bien maltraités, nous, étrangers. On s'y rend en calèche, ou en barque illuminée, et au son de la musique. La cour même faisait de ces parties, dans le mois d'août, jadis, et se rendait à la *Pointe de Cajola*, où attendait le souper, tandis que le peuple mangeait, buvait et chantait dans des nacelles le long du rivage ou près du Palais de la Reine-Jeanne

je m'égare à vous parler de choses profanes, Mademoise le, tandis que je vous réserve encore le tableau d'une cérémonie sacrée, la *Fête du Miracle de saint Janvier*. Pendant les neuf jours qui précèdent le 19 septembre, jour où le prodige a lieu, et pendant les neuf jours qui suivent, les théâtres sont tous fermés. Les étrangers commencent à arriver, les hôtels s'emplissent, il se fait dans la ville un mouvement indéfinissable. On dresse des arcs de-triomphe ornés de verres de couleurs; on prépare des transparents, des illuminations; on dispose des échafaudages pour des feux d'artifice. Quelque chose vous dit que le peuple est dans l'attente. Cela seul prouve la vérité du miracle, car si la liquéfaction du sang était l'œuvre du charlatanisme, ce ne serait plus au XIXe siècle, en face de tous les curieux et de tous les savants du globe, que le clergé chercherait encore à tromper le peuple simple et naïf de Naples. Non certes! les prêtres ne s'exposeraient pas à l'odieux scandale de la dangereuse découverte d'une fraude impie et sacrilége.

La liquéfaction du vieux sang desséché de saint Janvier s'accomplit trois fois par an : d'abord le premier samedi de mai, puis le 19 septembre, et enfin le 16 décembre. Or, chaque fois, il excite à Naples et à Pouzzoles, l'allégresse la plus expansive et l'enthousiasme le plus profond.

Permettez-moi de vous analyser la vie de saint Janvier.

C'était à l'époque terrible où le sang des nouveaux Chrétiens coulait sous les haches et les pinces des bourreaux, où leurs corps étaient livrés à la dent cruelle des bêtes féroces dans les arènes de l'empire et au colysée de Rome. Le pieux évêque Janvier gouvernait l'église de Ravenne, et Dioclétien et Maximien tenaient la verge de fer qui pesait sur cent peuples vaincus. Lors de la persécution ordonnée par ces empereurs contre les adorateurs du Christ, Janvier fut conduit à Nole, non loin de Naples, pour y être présenté au tribunal de Timothée, préfet de la province de Campanie. Ce ministre d'un pouvoir despotique comprit bientôt, aux énergiques réponses du pieux évêque, qu'il lui serait impossible de l'engager à renoncer au christianisme et à sacrifier aux idoles. Aussi le fit-il soumettre aux plus cruelles épreuves pour arriver plus vite à le dompter. Le martyr passa tour à tour par les fournaises ardentes, les chevalets, les tenailles de fer et les bêtes fauves auxquelles il fut jeté comme une proie, en présence d'une foule immense venue de fort loin pour jouir de cet affreux spectacle. Mais, calme et serein au milieu de ces épouvantables supplices, Janvier ne craignit pas de confesser hardiment sa foi, et l'intrépide athlète fatigua la force de ses bourreaux, et par sa vertu puissante éloigna de lui les lions, les tigres et les panthères, qui se mirent à lécher ses pieds sans vouloir lui faire le moindre mal.

Le cirque de Nole était témoin de ce premier prodige. Timothée, tronsporté de colère, fit attacher Janvier à son char, et, comme, dans l'ampithéâtre de Pouzzoles, on préparait des jeux en l'honneur des empereurs, et qu'on devait y verser le sang d'autres martyrs, le préfet de la Campanie le conduisit à Pouzzoles.

Vous avez vu des amphithéâtres sans doute! Celui de Pouzzoles ressemble à toutes ces scènes grandioses, construites par les Romains, et où s'asseyait tout un peuple pour savourer l'affreux plaisir de voir mourir des martyrs, s'entretuer des gladiateurs, et combattre des bêtes féroces, soit contre de pauvres victimes humaines, soit entre elles. J'ai visité dans tous ses détails ce théâtre de la passion de Janvier, et j'y ai trouvé ce que je n'ai vu dans aucun autre, soit à Nîmes, soit à Vérône, soit à Capoue, et pas même au Colysée de Rome, les parties souterraines de l'édifice, intactes, nettes, conservées comme si tout récemment encore elles avaient servi. Or, dans l'un de ces souterrains, maintenant converti en chapelle, fut jeté Janvier, saignant, brisé, lorsque Timothée arriva à Pouzzoles, deux jours avant les jeux. Janvier ne devait pas combattre seul pour la foi en cette circonstance.

Festus, diacre de son église, Didier, lecteur, Sosie, diacre de Misène, ville située en face de Pouzzoles, de l'autre côté du golfe, Procule, diacre de Pouzzoles, et deux laïques, Eutychès et Aruntius, devaient mourir avec lui.

ne vous raconterai pas le drame funèbre qui se passa à Pouzzoles, en ce jour terrible de la fête des empereurs. C'était le 19 septembre de l'an 305. Comme les bêtes féroces de Nole, celles de Pouzzoles refusèrent de dévorer Janvier. Aussi, afin de ne pas exciter une trop longue émotion qui aurait pu rendre le peuple favorable aux martyrs, Thimothée ordonna-t-il qu'un habile gladiateur tranchât immédiatement la tête des victimes, On les fit donc agenouiller tour à tour sur une pierre de l'arène, et le gladiateur, s'approchant de Janvier, plaça la main gauche sur sa tête vénérable, posa le tranchant du glaive en travers de son cou, et une fois, une seule fois interrogea des yeux le préfet, afin de s'assurer qu'aucun remords ne l'avait saisi à cet instant suprême. L'ordre fatal ne fut pas changé. Aussitôt le glaive brillant dans l'air tomba, et le martyr roula sur le sable, sans la moindre convulsion. On montra la tête au peuple, puis le corps fut entraîné hors de l'arène, par la porte dite de la *mort*, et jeté dans une obscure cellule appelée le *spoliarium*. La terrible exécution continua; mais pendant qu'elle s'achevait et que la fête des jeux divertissait cette foule haletante, la dépouille mortelle de Janvier fut enlevée secrètement par des fidèles dévoués, venus tout exprès de Bénévent, où ils la transportèrent. Après un long séjour dans cette ville, la précieuse relique du Saint fut apportée à Naples, il y a quelques siècles, et c'est là encore qu'elle se trouve déposée dans une chapelle souterraine, immédiatement placée sous le maître-autel de l'église dédiée au Martyr.

Naples.

13

Depuis cette époque le culte de saint Janvier est devenu célèbre dans toute l'Italie, mais particulièrement à Naples et à Pouzzoles, où l'on raconte une foule de prodiges opérés par son intercession. Les Napolitains, entre autres choses, disent que saint Janvier arrêta subitement une éruption du Vésuve, si effrayante, qu'elle menaçait les pays environnants d'une ruine complète. Aussi ne va-t-on nulle part, dans le pourtour du volcan, sans trouver la statue du Saint couronnant les frontons des villas, des palais, des moindres demeures, et, le visage *tourné* vers la montagne, le bras tendu avec autorité vers le Vésuve, semblant lui défendre d'approcher jamais ses laves dangereuses des propriétés qu'il protége. Sur le *Ponte della Maddalena*, qui couvre le Sebeto, près de Portici, on voit de même une haute et belle statue du Saint, en regard de l'ennemi qu'il conjure. A Pouzzoles, les souvenirs du drame de l'amphithéâtre revivent dans une foule de monuments pieux.

Non-seulement le peuple napolitain considère le saint martyr comme un patron et comme un protecteur, mais encore comme un ami familier qu'il a comblé de ses égards, qu'il enrichit de ses dons, et qui doit, en revanche, lui donner des marques non équivoques de son dévoûment. Aussi, quand il le sollicite, a-t-il la ferme conviction que sa prière sera bientôt exaucée. Si l'évènement attendu tarde trop longtemps, il y a chez lui, comme une sorte d'étonnement douloureux. Puis, quand le délai se prolonge, de la surprise, il passe soudainement à la colère. Ainsi, je vous parlais tout-à-l'heure du Pont de la Madeleine, situé entre Naples et Portici, d'où la statue de saint Janvier, d'une expression saisissante, bénit la mer et protége la ville : tout récemment, alors que le Vésuve était en éruption, et que, malgré les prières adressées à saint Janvier, les coulées de lave brûlante détruisaient sur leur passage les habitations et les cultures, peu s'en fallut que les Napolitains ne brisassent sa bien-aimée statue. Elle porte la trace de la fureur populaire de ce triste jour.

Mais ce même peuple rachète ses égarements passag ..s par l'ardeur et par la sincérité de son zèle. Il ne passera jamais devant la moindre image ou statuette du Saint, de la Madone, etc., sans saluer aussitôt ; et quand il vous voit saluer avec lui, son visage reflète le bonheur.

Tout d'abord un couvent fut bâti, à Pouzzoles, assez près de l'amphithéâtre où le saint reçut la couronne du martyre. Des pères capucins y montrent la pierre conservée dans un tabernacle, sur laquelle le saint évêque fut décapité. On y voit parfaitement les empreintes du sang.

De Naples à Pouzzoles, une foule d'oratoires sont dédiés au martyr.

Ensuite, dans les catacombes qui s'ouvrent près de l'*Albergo dei Poveri* (1), à l'orient de la ville, à mi-côte de Capo di Monte, on trouve une église antique taillée dans le roc vif par la piété des premiers chrétiens. Là aussi, l'image du saint a été tracée sur les parois du mur. Cette peinture, où l'on reconnaît encore la noble simplicité du style antique, paraît dater du ve ou vi^e siècle, et nous montre saint Janvier dans toute la pompe de ses habits sacerdotaux, lesquels, pour le dire en passant, diffèrent assez de ceux de notre époque.

---

(1) L'*hopital Saint-Janvier-des-Pauvres* est consacré spécialemeut à la *vieilless* nécessiteuse. C'est une superbe construction et un magnifique établissement.

Lors de la peste de 1526, Naples avait fait vœu d'employer 10,000 ducats (1) à la décoration d'une nouvelle chapelle. On se mit à l'œuvre et, sur le côté gauche de la cathédrale dite San-Gennaro, on construisit cette chapelle, qui est une autre église. Or, la dette payée, on se trouva avoir dépensé un million de ducats, c'est-à-dire quelque chose comme 5,000,000 de francs. Sept autels et quarante-deux colonnes de brocatelle, dix-neuf statues colossales de bronze, un maître-autel avec candélabres gigantesques, vingt-sept bustes de saints en argent massif, des tableaux des meilleurs maîtres de l'Ecole-Napolitaine, et une coupole entièrement recouverte de fresques admirables par *le Dominicain*, et qui furent l'occasion de tant d'intrigues et de rivalités, tels sont les principaux objets qui frappent les yeux des visiteurs. On peut bien appeler cette chapelle le trésor de saint Janvier, n'est-il pas vrai, Mademoiselle?

Le *Trésor* proprement dit renferme des merveilles. Outre le buste du saint, en argent doré; outre le reliquaire qui contient les buires pleines de sang, on y voit d'innombrables présents provenant des princes qui ont gouverné Naples. On y remarque surtout le splendide collier de perles fines qui orne le buste du martyr, la croix de diamants et de saphirs offerte par la reine Caroline, et la croix de diamants et d'émeraudes donnée par le roi Joseph Bonaparte.

C'est dans cette chapelle que s'opère le prodige de la liquéfaction du sang recueilli par les fidèles de Ravenne, lorsqu'ils enlevèrent le corps du supplicié au spoliarium, et qui, d'ordinaire, reste à l'état desséché, fendillé, pulvéreux.

---

(1) A Naples, le *ducat* vaut 4 fr.

Trois jours avant le 19, des illuminations commencèrent à annoncer la fête. Dans la rue de Tolède, spécialement, on ne voyait que guirlandes de feux, transparents avec scènes bibliques, devises religieuses, lanternes vénitiennes, etc. De la rue de Tolède à la place du Château-Neuf, deux arcs-de-triomphe, reliés par une avenue de pylones et des lignes de candélabres, brillaient chaque soir de feux de toutes couleurs, et attiraient des masses de promeneurs.

Enfin, parut le 19 septembre. C'était hier, dimanche. Vous pouvez croire que j'étais arrivé l'un des premiers, au petit jour, à la *Chiesa di San Gennaro.* Je n'étais pas seul : quelle cohue déjà ! On a dit souvent que les fidèles sont tenus à distance et ne peuvent voir le miracle que de très-loin. Je sais à quoi m'en tenir maintenant, et voici la vérité : La foule, au fur et à mesure de son arrivée, remplit la chapelle, qui est très-vaste, et, quand celle-ci est comble, envahit les nefs de la cathédrale. Seulement il est un espace spécialement réservé à des femmes et à des hommes que l'on désigne, à Naples, sous le nom de *cousines* et de *cousins* de saint Janvier. Leur parenté serait peut-être un peu difficile à établir : ce ne sont assurément que des *témoins* délégués pour assister au miracle. On les place contre la balustrade de marbre qui ferme le chœur, les premiers à gauche, les seconds à droite. Quant au chœur, il est réservé aux étrangers. C'est vous dire que mes compagnons de voyage, Emile, sa mère et moi, nous étions admirablement placés. Les étrangers ont ici, en effet, un rare privilége qui leur est accordé, sans doute, afin de ne laisser aucun prétexte à leur scepticisme. En se présentant dans la sacristie, une demi-heure avant la solennité, les *San-Gennarini*, gardiens du trésor, les introduisent dans l'intérieur du chœur ou dans les tribunes qui le dominent. Les privilégiés qui sont ainsi admis dans le chœur ne se contentent pas de se tenir autour de l'autel à une certaine distance de l'officiant, ils montent sur les marches mêmes, et jusqu'à la dernière, de telle sorte qu'ils touchent le prêtre, qui tient entre ses mains le reliquaire. Alors aucun de ses mouvements ne peut leur échapper, et les yeux les moins clairvoyants peuvent tout suivre et tout examiner.

Avec nous se trouvaient, dans le chœur, des officiers étrangers, des généraux même, des gens qu'à leur teint nous avons pris pour des Espagnols, quelques Italiens, mais surtout, surtout des Français. Quant aux Anglais, ils s'étaient réfugiés dans les tribunes, car il arrive souvent, paraît-il, que si le miracle tarde trop à s'accomplir, comme entachés d'hérésie, on les accuse d'être cause de la difficulté que met saint Janvier à liquéfier son sang.

Huit heures sonnent : le clergé, peu nombreux, se présente ; la cérémonie commence. Pour ce jour solennel, les chanoines de la Cathédrale portent le costume de cardinal, et le doyen du Chapitre est appelé, de droit, à l'honneur de tenir le premier le reliquaire. Mais, comme ses forces peuvent le trahir, il est suppléé par un ou plusieurs de ses collègues, si le prodige est trop lent à s'effectuer.

D'abord un chanoine, vieillard cassé par l'âge, d'une figure douce et recueillie, aidé de plusieurs prêtres, tira du tabernacle le chef de saint Janvier. La tête de saint Janvier, je l'ai dit, est enfermée dans un *buste de vermeil*, qui reproduit les traits attribués par les monuments anciens, et par la tradition au patron de Naples. Ce buste est revêtu des insignes épiscopaux, et orné de royaux magnifiques. La mître est brodée de perles et d'or. Un collier de grosses perles, à plusieurs rangs, d'un prix inestimable, retombe sur ses épaules.

Ensuite on sortit d'un coffret, en argent ciselé et doré, le reliquaire qui contient le sang du martyr. Ce *reliquaire* est en argent. Il est rond, et, pour la forme, il ressemble à une énorme montre, qui aurait un verre de chaque côté. Le tour, ainsi que le manche, sont couverts d'ornements, repoussés au marteau, et portant des traces de dorure. Ce doit être une œuvre du xv⁰ siècle. Au centre, enfermées entre les plaques de cristal, se trouvent deux buires ou fioles, rondes et aplaties, avec un col étroit et court, placées l'une de face, l'autre de côté. Ces fioles sont très-exactement pareilles à celles que l'on trouve dans les tombeaux antiques, et que l'on désigne sous le nom de *lacrymatoires*.

Tandis que le célébrant expose le reliquaire, un prêtre met derrière une torche flamboyante, qui permet de voir très-nettement, et à deux doigts de distance, comment il est fait, et ce qu'il renferme. Nous y avons regardé à plusieurs reprises, avec la plus grande attention.

Voici ce que nous avons vu très-distinctement :

La buire placée de face est pleine, aux deux tiers, d'une matière brune, solide, parfaitement desséchée. La même matière remplit environ le tiers de la buire mise de côté. Dans l'une et dans l'autre fiole, la dessication complète paraît remonter à une époque très-reculée.

Après avoir montré le reliquaire dans cet état à la foule muette, silencieuse, recueillie, profondément émue, le chanoine descendit de l'autel, se plaça devant la balustrade, et l'élevant dans ses mains, le fit voir, toujours éclairé par la lumière du cierge, à tous les assistants qui se tenaient au-dehors du chœur. Puis, remontant à l'autel, il commença, à haute voix, des prières que répétaient les fidèles. Ensuite il fit baiser le reliquaire, en l'appuyant alternativement sur la bouche et sur le front de chacun, par tous ceux qui étaient autour de lui. Au bout de vingt à vingt-cinq minutes, épuisé de lassitude, il remit le reliquaire à un autre chanoin aussi vieux, presque aussi débile que lui, et s'agenouilla sur les degrés de l'autel.

Bientôt neuf heures, puis dix heures, puis onze heures sonnèrent. Il se faisait un murmure dans la foule : il y avait de la fatigue, de l'impatience, un peu de colère. On ne priait plus seulement : on murmurait. Ces murmures allaient croissant, comme le flot de marée qui bat la grève. Ils éclatèrent soudain. Alors notre attention fut appelée surtout sur les cousines de saint Janvier.

On a dit que ces femmes appartenaient aux classes les plus pauvres de la ville. Cela n'est pas exact. Leur costume, par sa décence et sa propreté, prouve déjà le contraire ; mais ce qui démontre davantage qu'elles sont d'une autre classe, ce sont les bijoux dont elles sont couvertes sans goût et sans mesure. Ces femmes doivent être ce que nous appelons à Paris des Dames de la Halles. Presque toutes avaient atteint l'âge mûr. Plusieurs se signalaient par des traits d'un grand caractère. Une seule était jeune et belle ; mais son visage, creusé par la souffrance, ses yeux fatigués, son front pâle, révélaient que, pour assister à cette solennité, la pauvre enfant avait dû quitter son lit de douleur. Elle eut fourni, aux inspirations d'un artiste, un admirable motif.

avec sa figure noble et touchante, avec son attitude penchée, avec sa coiffure, qui se composait d'un simple linge blanc tourné autour de sa tête et retenu par une large bandelette. Tel était l'ajustement de l'infortunée Beatrix Cenci, d'après le merveilleux portrait qu'en a fait le *Guide*, portrait dont nous retrouvons la copie à Venise, à Florence, à Naples et à Rome. Oh ! elle priait bien de tout son cœur, elle, la chétive malade, et certainement elle conjurait saint Janvier de lui rendre la santé !

Nous l'avons dit : les Napolitains composent une population vive, mobile, impressionnable à l'excès. Sa dévotion n'a rien de triste ni de sombre ; elle est l'image de ce ciel resplendissant, de cette mer brillante, de cette nature fortunée qu'elle a constamment sous les yeux. Le Napolitain est plein de confiance et d'abandon dans sa piété. Il traite les objets sacrés du culte avec la familiarité naïve et joyeuse d'un enfant. Ce n'est pas lui qui comprendrait nos églises, si graves et si mélancoliques : il lui faut des églises pleines de lumière, de marbre et d'or.

Voilà ce qui fait, qu'impatientes d'attendre le bon plaisir du saint, ces femmes, debout devant la balustrade du chœur, se mettent à couvrir les murmures avec des cris, avec des gestes, avec des paroles, dont aucune description ne peut rendre la physionomie extraordinaire et frappante. Elles s'adressent à Dieu et à saint Janvier, non pas comme à des êtres invisibles, que l'humaine pensée peut atteindre avec les ailes de la foi seulement, mais comme à des personnes présentes, qu'elles voient, qu'elles touchent, et qui vont leur répondre. Les prières de l'Eglise ne leur suffisent plus. Des paroles de supplication s'échappent de leur bouche avec une verve, avec une véhémence inimaginables. Nous remarquons surtout l'une d'elles, petite femme brune et pâle, au front bas et large, aux yeux percés à la vrille et brillants, au nez court brusquement relevé, à la bouche serrée par les coins, parfaitement laide, mais d'une physionomie pétillante d'intelligence, et offrant une vague ressemblance avec l'esclave antique qui se tient derrière la Fortune, dans le fameux tableau de *Télèphe nourri par une biche*, trouvé à Herculanum. A chaque instant, cette femme se répand en discours enflammés. Elle est intarissable dans son dire : sa voix vibrante ne se fatigue pas. Elle supplie, elle exhorte, elle exige tour à tour avec une gesticulation passionnée, avec une élocution entraînante ;

— Allons, San Gennaro, fit-elle, écoute tes amis, ne te montre pas rétif, aide-nous, et fais ce miracle ! N'attends pas davantage, beau saint à face verte, et songe que l'on espère en toi. Vois tout ce monde qui t'attend : il ne serait pas honnête de le tromper. Ces étrangers, qui veulent bien venir assister à ton prodige, s'en retourneraient-ils donc déçus dans leurs espérances? Que dirait-on de toi là-bas? Voyons, ne nous fais pas honte, et donne-nous satisfaction. Il me semble que nous ne t'avons pas oublié cette année, hein ! N'as-tu pas reçu bien des dons? En espérais-tu davantage? Eh bien ! nous t'en offrirons encore, si tu n'es pas satisfait; mais pour le moment, c'est assez nous faire attendre ! Si tu nous en veux ! je ne saurais dire pourquoi, pardonne-nous, et montre-toi bon et dévoué patron, toi, notre ami, notre frère, toi que nous chérissons. Allons, hâte-toi !

Je renonce à retracer l'expression de sa physionomie, l'accent de la voix de cette femme, pendant que ces paroles, et bien d'autres, se pressaient sur ses lèvres. Il y avait là, sous une forme triviale, une éloquence naturelle vraiment saisissante. C'est ainsi que devait parler Mazaniello, quand il transformait en héros les indolents lazzaroni de la *Marinella* et de la *Strada della Porto*.

Soudain, à onze heures et trente-cinq minutes, le vieux chanoine fit un geste significatif, en élevant le reliquaire au-dessus de sa tête. Le prodige était accompli.

— A la bonne heure, s'écria la femme, à la bonne heure, San Gennaro, tu as bien fait ! Tu es grand, tu es bon, nous t'aimons tous !

Sans doute, un signal fut fait au-dehors des tours de la cathédrale, car, à l'instant même nous entendîmes retentir dans les airs la grande voix du canon qui tonna tout à la fois du Château Saint-Elme, du Château-Neuf, du Château de l'Œuf, et sur tous les navires du port.

En même temps, au-dedans, le chant du *Te Deum*, entonné par les assistants électrisés, s'éleva imposant et grave sous les voûtes de la chapelle et les vastes arceaux de la cathédrale. Une pluie de fleurs tomba sur l'autel : on donna la volée à des centaines d'oiseaux qui parcoururent l'église en poussant des cris joyeux.

Bien que cette scène peut exercer sur l'imagination et sur le cœur une impression profonde, nous pouvons assurer que nous étions en possession de tout notre sang-froid, mes compagnons et moi. Or, c'est avec l'attention la plus scrupuleuse et la mieux éveillée, je vous l'affirme, Mademoiselle, que je regardai, de très-près, non pas une fois, mais vingt fois, dans le reliquaire éclairé par le feu de la torche. La transformation de la matière brune,

solide, parfaitement desséchée une minute auparavant, était évi-
dente. Les buires offraient aux regards un liquide ayant la couleur,
la consistance, la fluidité d'un sang qui vient de sortir de la veine
d'un homme.

Certes ! les sceptiques crieront à l'imposture ! Depuis dix jours
et se sera de même dans les jours qui vont suivre, je n'en doute
pas, j'entends, à Naples même, les esprits forts répéter que cette
transformation est impossible, qu'il y a là-dessous du charlatanisme, que par mille moyens physiques, chimiques, que sais-je ? on
peut arriver à pareil résultat. En attendant, nul ne peut produire
un prodige analogue... Laissons-les donc se battre les flancs, et
disons seulement, que de toutes les parties de la ville, pendant le
reste du jour, affluèrent les habitants, des paysans de vingt lieues
à la ronde, et des masses d'étrangers pour vénérer le sang de
saint Janvier qui, pendant l'octave de la Fête, va rester dans cet
état de liquéfaction, exposé sur le maître-autel de la cathédrale.
Pendant toute la semaine les gens riches viendront le visiter en un
pieux pèlerinage ; et, samedi prochain, le roi, accompagné de sa
famille, se rendra en grande pompe, dans les voitures de gala, à
'a cathédrale, pour lui rendre ses hommages à son tour.

Pour nous, nous quittons l'église, et nous montons dans une
calèche qui nous attend. C'est à Pouzzoles, que nous allons, nous
nous rendons à un déjeuner auquel nous sommes conviés par des
Napolitains.

Nous trouvons la route de Naples à Pouzzoles, par le ausi-
lippe, encombrée de corricoli, de berlines, de chaises de poste, de
voyageurs pédestres de toutes sortes. Car c'est encore une croyance
répandue et vérifiée, qu'à l'heure même où la liquéfaction de sang

s'opère à Naples, elle s'accomplit pareillement à Pouzzoles, et que la pierre du couvent des Capucins est couverte d'une sueur de sang.

Il y a fête à Pouzzoles : toute la population est dans les rues, en habits de luxe et de réjouissance. Devant l'église des Capucins, au sommet de la colline, on tient une espèce de foire ; et aux moments solennels des offices, on tire ces petites boîtes dont on fait tant usage, chaque jour, à Naples, devant la porte des Chiese, où il y a fête de Saints. C'est un bruit étrange, dans cette pauvre ville morte, qui semble aujourd'hui vivante comme aux fêtes de Caligula, de Néron, ou aux funérailles de Sylla.

J'ajouterai, pour mettre à fin tout ce qui touche à saint Janvier, que le sang du martyr ayant été renfermé dans trois fioles, par les fidèles de Ravenne, l'une de ces fioles fut portée en Espagne, par le roi Charles III. Or, on dit encore que le miracle du sang s'accomplit également en Espagne, au moment où il s'opère à Naples.

Je m'arrête et me tais. Puissé-je avoir réjoui votre âme chrétienne, Mademoiselle, en mettant sous vos yeux les détails les plus exacts sur cette fête religieuse et nationale de Naples, dont on parle à peu près dans l'univers entier. Je suis d'autant plus heureux de l'avoir vue, de mes propres yeux vue, ce qu'on appelle vue, qu'elle me fournit l'occasion de vous offrir un témoignage de ma profonde et sincère affection. Recevez-en ici l'expression la plus vraie, et croyez moi, à tout jamais.

Votre humble, dévoué et respectueux serviteur,

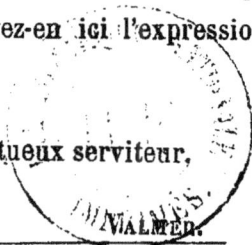

VIALMED.

LIMOGES. — BARBOU FRÈRES, IMPR.-LIBRAIRES.

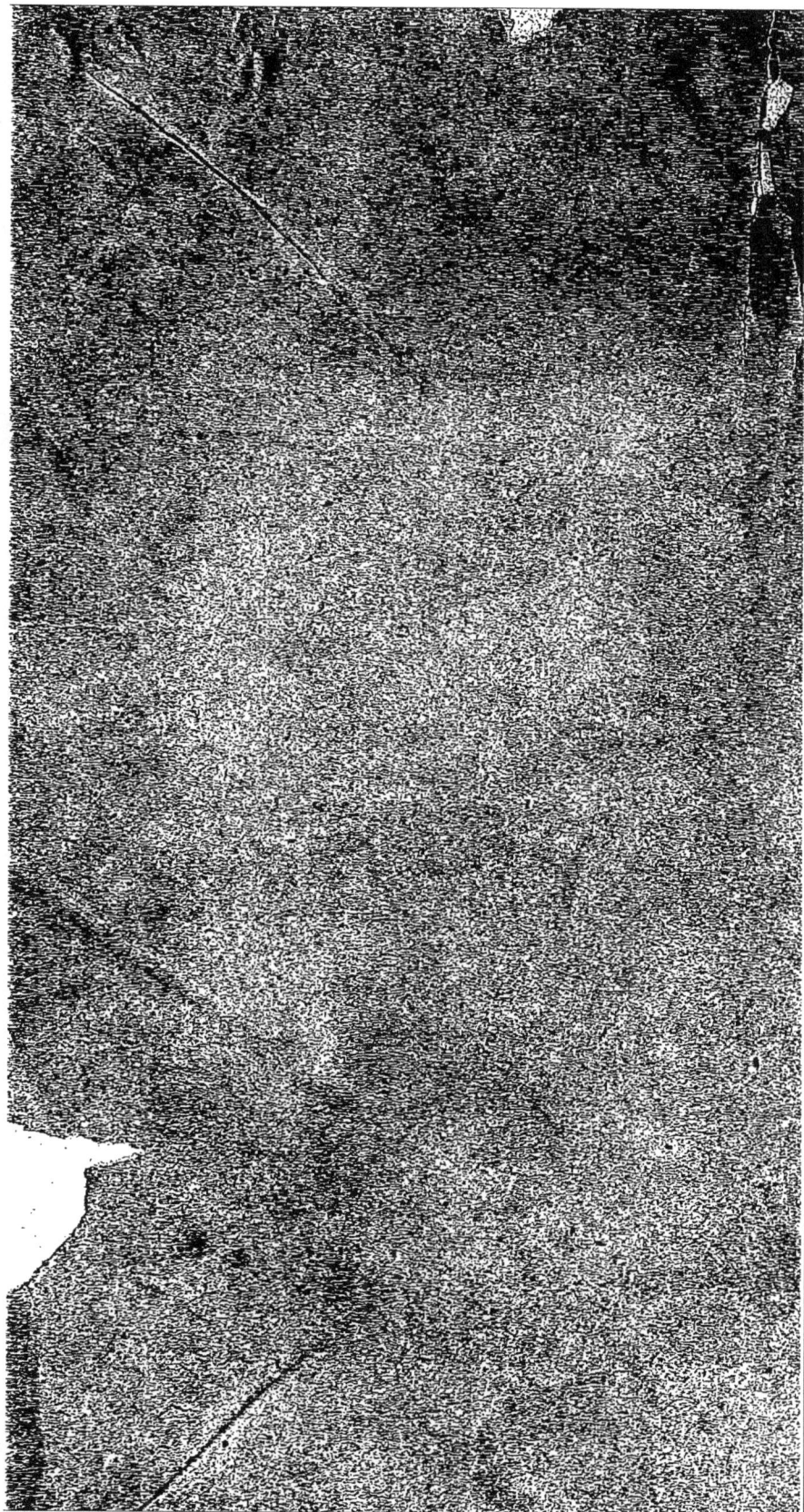

www.ingramcontent.com/pod-product-compliance
Lightning Source LLC
Chambersburg PA
CBHW071945090426
42740CB00011B/1826